El Alfa y La Omega De La Guerra Espiritual

La Matrix de Las Batallas

Apóstol Dr. Mario H. Rivera

&

Pastora Luz Rivera

Para

De

Fecha

Publicado por
LAC Publications

Primera Edición 2018

ISBN: 978-0-692-18292-5

Diseño de la portado: Juan Luque
Diseño interior: Jorge Luis Rodríguez
Impreso en USA (Printed in USA)
Categoría: Guerra Espiritual

Índice

INTRODUCCIÓN

El mundo espiritual que te rodea tiene muchos conceptos que en algún momento podrías relacionar aunque su origen sea totalmente distinto, por ejemplo: cuando me refiero a liberación demonios y espíritus inmundos, aunque son entidades diferentes, el trabajo puede ser distinto, el concepto de liberación podría confundirse con lo que verdaderamente es guerra espiritual, de tal manera que en algún momento lo que podrías estar llevando a cabo es una liberación pero pensando que estás en medio de una guerra espiritual.

En la guerra espiritual surge en escena todo el conocimiento que debes tener de los derechos y privaciones del mundo espiritual; recuerda que Dios, siendo el único Dios verdadero, ha sido ordenado y es lo que ha enseñado a la creación, por lo tanto no puedo dejar de mencionar que de alguna forma estableció lo que quizá pueda ser como un código divino o una especie de Biblia, no la que conoces como una Biblia convencional, sino tendría que ser un libro que contiene leyes, decretos, estatutos que rigen el universo en general, empezando por el ámbito espiritual, de tal manera que cuando estás incursionando en esa dimensión, te encontrarás con lo que la Biblia muestra y cómo es que Dios te concede en el poder atar en esta dimensión y que tenga repercusiones en los cielos como lo deja ver **Mateo 16:19**, no obstante que el mundo espiritual es mayor que el mundo material por cuanto lo que ves fue hecho de lo que no ves, sin embargo, es Dios el que establece los parámetros y sabe cómo funciona y el tiempo en que debe ejecutarse determinada acción.

Por eso ves en la Biblia cómo es que a determinados siervos Dios auxilió, y cuando les dio la orden de ataque en contra de sus enemigos, ellos obedecieron lo que dio lugar a que triunfaran contra sus enemigos.

Por eso, una de las cosas que mayormente puedes ver en relación a lo que es guerra espiritual, es el hecho de atar y ligar porque atas en el nombre de Jesús lo que pueda ser un impedimento para ganar una guerra; un ejemplo muy claro a este respecto es la guerra espiritual que realizó el Señor Jesucristo estando en pleno cumplimiento del plan divino que vendría a ofrecerte vida eterna y una verdadera libertad, porque mientras estaba en la cruz, pronunció 7 palabras que fueron claves en el mundo espiritual para que hoy puedas tener la bendición de hacer efectiva toda la libertad a la cual Dios te ha llamado y que en cada oportunidad que tengas de acercarte a la mesa del Señor, me refiero en cada Santa Cena; puedas traer a tu memoria todo Su sacrificio y hacer valer sobre tus enemigos esa estrategia que fue pronunciada por Jesús en medio de la guerra espiritual más grande que jamás se haya librado a favor tuyo, es más, ni el enemigo mismo supo descifrar ese código divino con el cual estaba siendo despojado del poder de la muerte para romper las cadenas de impiedad con las que te tenía esclavizado.

Puedo decir entonces que un concepto claro y sencillo de poder comprender lo que es guerra espiritual, es el hecho de vivir en el orden de Dios para tener la solvencia de pronunciar palabras que el Espíritu Santo ponga en tu corazón en el preciso momento, con el efecto de derrotar todo argumento de iniquidad que se levante en contra tuya y de tu familia, sabiendo que tienes Su respaldo porque el sacrificio de Jesús en la cruz del calvario, es recordado en cada Santa Cena y que al participar de la mesa del Señor lo hagas entonces como El lo dijo: **EN MEMORIA DE MÍ**.

La Guerra Espiritual Codificada En:

Padre, Perdónalos, Porque No Saben Lo Que Hacen

Capítulo 1

La guerra espiritual debe ser un tema a tu buen entender, que no solamente lo ha dejado el Señor Jesucristo para que sea aprendido por Su Iglesia a consecuencia de las batallas que se libran contra el adversario; sino que de hecho el mismo Señor Jesús estando en la cruz del calvario libró batallas; esto es de suma importancia que lo puedas asimilar para tener la convicción que en ese lugar, Dios propició el escenario para arrebatarle al enemigo las llaves de la muerte, con el propósito que fueras bendecido en todo momento; para que tuvieras la oportunidad de ser libre y restaurado al diseño original con el cual fuiste creado.

Cuando hablo de guerra espiritual, no me refiero a echar fuera demonios y espíritus inmundos, no es lo mismo; una cosa es la guerra espiritual y otra cosa es la liberación en general; por eso es que en muchos lugares echan fuera demonios pero no conocen de guerra espiritual. Aunque en el libro que Dios me permitió escribir el cual titulé, **“El Régimen Jurídico de Los Derechos Espirituales”** hablo acerca de lo que significa guerra espiritual, quiero conceptualizar de una forma muy práctica y sencilla lo que esto significa:

Es aprender a activar como un espiral dentro del régimen de los derechos que están en las esferas espirituales.

El mundo espiritual tiene un régimen de derechos donde surge la necesidad de activar o aplicar principios espirituales, conocer algunos misterios de guerra espiritual, hablar de decretos, una palabra profética o aun tener eventos espirituales que van en orden para activar esa guerra espiritual.

Bíblicamente hablando puedo traer este versículo, con el propósito de dejar más amplio el concepto que deseo dejar en claro:

Mateo 16:19 (LBA) Yo te daré las llaves del reino de los cielos; y lo que ates en la tierra, será atado en los cielos; y lo que desates en la tierra, será desatado en los cielos.

Entonces cuando hablo de espiral en guerra espiritual, me refiero a que estando en la Tierra puedes activar lo que está en los cielos, de manera que aquello que es celestial, afectará lo que está en la Tierra; dicho en otras palabras, desde donde estás puedes activar lo que está en los cielos para que una vez activado, tenga una repercusión en la Tierra. Por eso, si atas una potestad, la Biblia dice que el Señor atará por ti a esa potestad en los cielos, pero el principio es atar y desatar, no puedes tener la mentalidad de atar sin desatar porque el principio bíblico en guerra espiritual es atar para desatar y también desatar para luego atar.

Insisto, ese es un principio de guerra espiritual que debes tener presente porque atas potestades de las tinieblas, para desatar bendiciones y desatas bendiciones pero atas lo que pretenda estorbar la bendición que has desatado, eso es parte de lo que conforma la guerra espiritual.

Es necesario mencionar todo esto porque cuando observas en la Biblia algunos ejemplos de personajes que libraron guerra espiritual, aunque no aparece literalmente la frase guerra espiritual, el concepto es por lo que realizaron, esto es tanto en el Antiguo como en el Nuevo Pacto, por ejemplo, lo que el Señor Jesucristo hizo en la cruz del calvario, no fue expulsar demonios, insisto con eso; los demonios los expulsó mientras El caminaba en la Tierra, mientras incursionaba dentro de ciudades, cuando le llevaban gente endemoniada; ahí era cuando Jesús confrontaba frente a frente la necesidad de las personas y expulsaba demonios.

Pero la mayor guerra espiritual que puedes ver en la Biblia, fue librada desde la cruz del calvario; esto fue cuando Jesús pronunció las 7 palabras;

aunque en muchos lugares esto lo han triado por falta de conocimiento, debes saber que la realidad es que es de lo más profundo que puede haber refiriéndome a guerra espiritual, porque cuando El las declaró, afectó 7 esferas que están relacionadas con bendiciones en tu vida; es por eso que todo lo que Dios te está permitiendo aprender en este libro, viene a ser, como lo he dicho en repetidas oportunidades en mis libros anteriores; una potencialización con lo que ya has aprendido porque tu forma de ver las cosas cambiará de forma radical, al punto que a pesar de los ataques del enemigo, tu fe en el Señor Jesucristo no será movida, sino por el contrario, entre más batalla, más fuerte será tu fe y no habrá nada que te detenga en hacer aquello que Dios te haya dicho que hicieras a favor de Su obra.

La Guerra Espiritual

Entonces Jesús tuvo guerra espiritual estando en la cruz del calvario, David también conocía a este respecto y así mismo cuando tu panorámica de lo que guerra espiritual sea ampliada cada vez más, alcanzarás bendiciones inimaginables, tendrás visión de Dios para ver lo que se mueve y escucha en el ámbito espiritual. En guerra espiritual verás lo que está dentro, lo que conforma la estructura del mundo espiritual, de los principios, leyes que rigen esa esfera, conocerás los misterios que Dios revela.

Ahora bien, antes de entrar en el desarrollo propiamente dicho del estudio de este capítulo, quiero hacerte ver un punto; imagínate por un momento que con 7 palabras son activadas situaciones en los cielos, de igual forma hay 7 cielos que son activados con cada una de las palabras que Jesús dijo en la cruz, por ejemplo: hay un cielo donde se encuentras los proyectos del infierno pero se destruirán con una de las palabras que el Señor dijo en la cruz del calvario.

En uno de esos cielos están las cárceles espirituales, en otro está el lugar de los principados y potestades, en otro de esos cielos es donde se fraguan las falsas profecías y la manipulación sobre la vida de los hombres; en otro de esos 7 cielos es donde hay espíritus que esperan que alguien en la Tierra les pueda crear la atmósfera espiritual para que ellos puedan penetrar. Ahora puedes comprender entonces cómo es que Jesús llegó a la cruz pero fue un acto que a los ojos de los hombres no tuvo mayor repercusión, incluso ni para el diablo porque no conocía esa parte del plan divino del Padre.

Para la gente que pudo estar como expectante de aquel acto victorioso, sabían que era un lugar de tortura, de maldición; pero cuando Jesús fue a la cruz y fue llevado al Monte del Gólgota, al Monte Calavera, uno de los lugares altos en aquella región, surge la pregunta: ¿por qué en un lugar alto en lugar de tener mayor humillación en un lugar muy bajo? La respuesta es la siguiente: todo era parte del plan divino de Dios, porque era una forma simbólica de elevar a otra dimensión al que peleará guerras espirituales, era parte de la ingeniería de guerra de Dios para que el Señor, al estar en ese lugar, pudiera cambiar ese instrumento que los hombres estaban usando y que entonces se transformara, **de instrumento de maldición, a instrumento de bendición** para todos aquellos que así como tú, has creído en Jesús y reconocido como tu Señor y Salvador.

Guerra Espiritual de David

2 Samuel 5:24 (LBA) Y cuando oigas el sonido de marcha en las copas de las balsameras, entonces actuarás rápidamente, porque entonces el SEÑOR habrá salido delante de ti para herir al ejército de los filisteos.

Con este versículo que lo que deseo enseñarte es que David tenía un oído para percibir el sonido de guerra espiritual, él sabía el momento preciso en Dios para poderse mover estando en batalla y con la seguridad que ganaría porque estaba haciendo lo que Dios le había dicho. Por eso debo insistir, guerra espiritual no es lo mismo que echar fuera demonios y espíritus inmundos; en la esfera espiritual puedes tener visiones, oír sonidos y saber qué decir o hacer en el preciso momento que Dios te lo ordene.

¿CÓMO IDENTIFICAR UNA LIBERACIÓN?

Cuando vas a enfrentarte en una situación para echar fuera demonios debes llegar y saber contra qué vas a enfrentarte, cómo se llama el demonio o espíritu inmundo porque sabiendo su nombre, sabrás cómo es su carácter, cuál es su oficio; puedes comprender cuál es su región, cómo entra a una vida y qué hace o cómo actúa cuando entra a la vida de una persona, puedes llegar a comprender cómo expulsar y cerrarle puertas a un demonio o espíritu inmundo; eso es lo que puedo decir que es expulsar demonios o espíritus inmundos.

¿CÓMO IDENTIFICAR UNA GUERRA ESPIRITUAL?

La guerra espiritual es otra esfera de victoria porque por lo regular no sabes contra qué estás peleando o qué es lo que se está oponiendo a que avances, a que tengas victoria, que tengas cierto nivel de vida en todos los ámbitos; entonces resulta que de pronto siendo hijo de Dios te encuentras en una esfera en la que no sabes qué está pasando.

Pero la guerra espiritual es entonces la que te permite salir contra aquello que aun no sabes qué es, dónde está y cómo opera para afectar la vida de una persona.

Por eso, cuando David escucha la voz de Dios, le está diciendo que cuando él escuchara determinado sonido, debía salir a la batalla porque sus enemigos habrían sido entregados en sus manos.

Guerra Espiritual de Josué

Observa estas citas:

Josué 10:11-12 (LBA) Y sucedió que mientras huían delante de Israel, *cuando* estaban en la bajada de Bet-horón, **el SEÑOR arrojó desde el cielo grandes piedras sobre ellos** hasta Azeca, y murieron; y *fueron* más los que murieron por las piedras del granizo que los que mataron a espada los hijos de Israel. [12] Entonces Josué habló al SEÑOR el día en que el SEÑOR entregó a los amorreos delante de los hijos de Israel, y dijo en presencia de Israel: Sol, detente en Gabaón, y *tú* luna, en el valle de Ajalón.

Josué 10:24-25 (LBA) Y sucedió que cuando llevaron estos reyes a Josué, Josué llamó a todos los hombres de Israel, y dijo a los jefes de los hombres de guerra que habían ido con él:

Acercaos, poned vuestro pie sobre el cuello de estos reyes. Ellos se acercaron y pusieron los pies sobre sus cuellos. [25] Entonces Josué les dijo: No temáis ni os acobardéis. Sed fuertes y valientes, porque así hará el SEÑOR a todos vuestros enemigos con quienes lucháis.

Esto también es guerra espiritual, aquí puedes observar que hubo lluvia de piedras, Dios mismo lanzando piedras contra los enemigos de Su siervo; ¿cómo sucedió esto?, difícil de poderle dar una explicación bajo la perspectiva de lógica humana porque aquí es la mano poderosa de Dios en guerra espiritual, ¿quién puede soportar un ataque de esa magnitud?, nadie, claro que hay reglas que deben respetarse pero esas leyes fue Dios quien las constituyó, por lo tanto es El quien mejor conoce respecto a lo que se puede y no se debe hacer en guerra espiritual, porque debes recordar que si Dios instituye una ley, el primero en mostrar que se puede cumplir es El mismo, por eso fue a la cruz y después al lago de fuego, sabiendo que sin pecado, el enemigo no tendría argumento validado para detenerlo en la muerte; cumplió, se levantó victorioso y le arrebató las llaves al adversario.

Guerra Espiritual de Jesús

Ahora bien, para entrar propiamente en el desarrollo de este estudio, debes saber que existen muchos capítulos de la Biblia que pueden hablar o señalar acerca de lo que Jesús hizo en la cruz del calvario, sin embargo hay un libro que contiene detalles de lo que ahí se llevó a cabo, que ni en los evangelios donde se encuentras las 7 palabras dichas en la cruz, hay tanto detalle como en este capitulo que te enseñaré, me refiero al **Salmo 22**; ahí puedes ver claramente la guerra espiritual que Jesús sostuvo en la cruz del calvario, claro que ese tipo de guerra espiritual solamente El puede librar y salir victorioso.

Salmos 22:1 (LBA) Dios mío, Dios mío, ¿por qué me has abandonado? *¿Por qué estás tan* lejos de mi salvación *y* de las palabras de mi clamor?

Salmos 22:12 (LBA) Muchos toros **me han rodeado**; *toros* fuertes de Basán me han cercado.

Aquí puede ver qué clase de guerra espiritual tuvo Jesús en la cruz del calvario; no obstante que en los evangelios no se menciona nada a este respecto, sin embargo Jesús estaba viendo en otra esfera, potestades realizando una estrategia de guerra espiritual en Su contra, pero alcanzando repercusiones en contra de tu salvación, porque debes saber que el enemigo así trabaja; batalla hoy y deja una semilla de maldad y destrucción esperando que mañana estalle esa semilla eliminando a todo cuanto esté cerca.

Jesús podía alcanzar la victoria con la simpleza que le puede dar el hecho de pensar el derrotar a Su adversario, sin embargo llevó el proceso de guerra espiritual, libró aquellas batallas para que hoy tengas victoria sobre toros que se mueven en el mundo espiritual.

LOS CERCOS DE MALDAD

Salmos 22:15-16 (LBA) Como un tiesto se ha secado mi vigor, y la lengua se me pega al paladar, y me has puesto en el polvo de la muerte. 16 Porque perros me han rodeado; **me ha cercado** cuadrilla de malhechores; me horadaron las manos y los pies.

El enemigo tiene una ingeniería que opera como si fueran cercos, vallas o barricadas alrededor o frente al avance de una persona; ahí es donde muchas veces el hijo o la hija de Dios no sabe que se encuentra bajo el ataque precisamente de este tipo de ingeniería de guerra espiritual dirigido por las tinieblas; porque la intención entonces del adversario es mantener a la persona aislada y no permitir que tenga a su favor beneficios y recursos de nada, aun buscando a Dios; es un cerco que el enemigo pone para impedir que llegue a su favor la ayuda necesaria, aquello que la persona espera recibir de parte de Dios.

Esos cercos tienen la intención de limitar la vida del hijo o la hija de Dios; de ahí entonces que hay muchos que son buenos creyentes, obedientes a la palabra de Dios y de pronto llega el momento en que no saben por qué no pueden avanzar en ninguno de los ámbitos de su vida, no saben contra qué están peleando. Esto es interesante por lo siguiente:

Salmos 22:20-21 (LBA) Libra mi alma de la espada, mi única *vida* de las garras del perro. [21]
Sálvame de la boca del león y de los cuernos de los búfalos; respóndeme.

Observa como tradujeron el versículo 21 en esta versión de la Biblia:

Salmos 22:21 (RV2) Sálvame de la boca del león, y de los cuernos de los **unicornios** líbrame.

¿Qué es lo que el Señor había visto hasta este punto?

1. Toros de Basán.
2. Perros.
3. Cuadrilla de malhechores.
4. León.
5. Unicornios.

¿En qué esfera estaría el Señor cuando estaba en la cruz del calvario?, porque no eran espíritus inmundos o espíritus de enfermedades, pobreza, demonios de muerte, de bestialismo, etc., no se está hablando de eso, sino de entidades simbólicamente pertenecientes al reino animal, lo que aquí puedes ver es una proyección de zoología, estás viendo entidades que están representadas en bestias; realmente esto es otro nivel de guerra espiritual, esas potestades son las que cercan la vida del creyente y dificultándole la forma de detectar; pero no para el Señor Jesucristo, El los detectó en la cruz del calvario y los menciona proféticamente en el **Salmo 22** por medio de Su siervo David.

El Señor Jesucristo desenmascarando la operación de error de las tinieblas a través de David, por donde vendría Su linaje; deja profetizado en contra de qué se enfrentaría en guerra espiritual en la cruz del calvario, en el Monte Gólgota el día que extendió Sus brazos de amor para que llegues a El sin limitaciones porque venció al adversario y lo que está haciendo entonces es entregándote la estrategia que debes seguir en el nombre de Jesús, para vencer al adversario y romper los cercos que puedan estar impidiendo que entres a otro nivel de vida espiritual, que te han impedido encontrar inclusive a la persona que Dios ha predestinado para ti a que sea tu pareja en matrimonio o que te ha estado impidiendo avanzar académica o profesionalmente.

Jesús te habilitó para romper en el nombre de Jesús todo cerco que te esté impidiendo alcanzar las bendiciones que el Señor ya decretó a tu favor desde el **Salmo 22** cuando dijo que enfrentó todo aquello pero lo venció por amor a ti. Alguien puede preguntarse el por qué hay impedimentos o cercos que están limitando a las personas que Dios predestinó para que sean un matrimonio y cómo puede solucionarse esa situación; la respuesta es: con guerra espiritual, para que puedas romper el cerco que te está impidiendo eso y muchas otras cosas que están detrás de aquella puerta donde tocas y se abrirá en el nombre de Jesús.

Dios está dispuesto a romper todo cercó que esté impidiéndote alcanzar las bendiciones que ya decretó disponibles a tu vida porque desenmascaró la operación del enemigo en el **Salmo 22** y las enfrentó en el momento que fue a la cruz, como lo describen los evangelios, porque Satanás no tiene argumento legal en contra Suya con el cual le impida bendecirte o habilitarte nuevamente para seguir viviendo bajo el diseño original con el cual Dios te creó.

La dimensión a la cual Dios te está llamando traspasa aquello que un día aprendiste, porque si en algún momento fuiste liberado de demonios o espíritus inmundos, ahora lo que harás es que romperás los cercos y atacarás toda bestia de las tinieblas que te ha querido devorar o atacar, y entonces en el nombre de Jesús podrás abrir una brecha por donde pasará tu bendición sea esta una sanidad física, económica, espiritual, etc., para ti y tu familia, recibirás las bendiciones de Dios como ríos cristalinos de donde nadie quiere salir por la delicia que pueda significar; eso es lo que viene a tu vida si puedes creer a la palabra de Dios.

Las bendiciones que vienen para tu vida serán como un río que corre, primero para mojar la planta de tus pies, luego tus rodillas, llegará a la cintura, a los lomos hasta que vayas flotando sobrenaturalmente como solo el mover del Espíritu Santo lo puede hacer en el hijo e hija de Dios.

Recuerda que tienes doble bendición en todo esto porque si bien es cierto que recibirás lo que necesitas para vivir sobreabundantemente, también estás siendo habilitado para que cuando alguien te busque solicitando ayuda espiritual porque todo les va mal, puedas levantarte en el nombre de Jesús como un valiente guerrero, pero no solamente para echar fuera demonios o espíritus inmundos, sino que para hacer guerra espiritual a favor de aquellos que necesiten romper los cercos que los han tenido, amedrentados, que los tienen sumidos en agujeros de toda clase y no pueden avanzar porque necesitan romper aquello que Satanás puso para limitarlos; tú estás siendo equipado para eso y de parte de Dios tener entonces la estrategia necesaria para poderlo hacer.

Por eso es necesario que conozcas por el espíritu, el poder que hay en la profundidad de las 7 palabras que Jesús dijo en la cruz del calvario:

1. Padre, perdónalos, porque no saben lo que hacen.

2. En verdad te digo, hoy estarás conmigo en el paraíso.

3. Mujer he ahí tu hijo, he ahí tu madre.

4. Eli, Eli Lema Sabactani, esto es Dios mío, Dios mío por qué me has abandonado.

5. Tengo sed.

6. Consumado es.

7. Padre, en tus manos encomiendo mi Espíritu.

Una de las cosas asombrosas en esto es que con 59 segundos pueden pronunciarse las 7 palabras dichas por Jesús en la cruz del calvario; sin embargo el Señor estuvo aproximadamente 6 horas en la cruz, y solamente dijo 7 palabras en todo ese tiempo, dicho en otras palabras, estuvo callado 5 horas con 59 minutos y 1 segundo; pero en 59 segundos dejó todo el argumento legal para tu libertad, libró guerra espiritual saliendo victorioso en 59 segundos, pero ¿por qué?, porque era necesario que se cumpliera lo dicho por el Profeta Isaías:

Isaías 53:7 (LBA) Fue oprimido y afligido, pero no abrió su boca; como cordero que es llevado al matadero, y como oveja que ante sus trasquiladores permanece muda, **no abrió Él su boca**.

La victoria que El alcanzó no es solamente para 1 cosa, el Señor alcanzó plenitud de victoria, por eso la sentencia contra el diablo y el ladrón es que todo lo que te haya quitado, tiene que devolvértelo 7 veces, de tal manera que entra en escena la restitución en su significado etimológico lo cual es: nada me falta, porque la victoria es en 7, en plenitud de Dios de tal manera que los 7 cielos de Dios se abrirán a tu favor porque estás siendo activado como un conquistador de victorias de Dios que El ya dejó habilitadas a tu vida.

El Poder de La Primera Palabra de Jesús en la Cruz

Lucas 23:34 (LBA) Y Jesús decía: Padre, perdónalos, porque **no saben** lo que hacen. Y echaron suertes, repartiéndose entre sí sus vestidos.

Es interesante que esta es la única palabra donde aparece la frase: **no saben…** por eso es que no siempre sabrás contra qué estás peleando porque es guerra espiritual. Ahora bien, cuando investigas la palabra **saben**, según el diccionario Strong es una palabra griega que se pronuncia **IEDO**, está identificada bajo el código **G1492** y está relacionada con **percibir** y con la **mente**.

Es una de las 17 palabras que en el idioma griego se relacionan con la mente; las más comunes en el Nuevo Testamento son **GINOSKO** y la otra es la que estoy enseñándote en esta oportunidad: **IEDO**, se relaciona muy íntimamente con el conocimiento.

Cuando Jesús utilizó esa palabra, **IEDO**, lo hizo precisamente porque hay un cerco que el enemigo pone en contra del cristiano, me refiero al cerco contra la mente del creyente. Todos los cercos deben romperse, pero este es muy importante que se rompa porque el mayor ataque que Satanás puede hacer a la vida de un creyente es a la mente, por eso, cuando él pone un cerco a la mente es para bloquearle complemente la visión y que esa persona no tenga esperanza en medio de la crisis o de las batallas que pueda estar librando.

El Cerco de Dios a Favor de Job

Lo que sucede entonces es que bloquea al creyente para que no reciba la ayuda que pueda llegar de afuera y que se quede sin visión de adentro hacia fuera, por ejemplo: cuando ves la vida de Job, lo primero que sucede es que Satanás le presentó un argumento a Dios diciéndole que Job bendecía al Señor porque todo lo que Job hacía, prosperaba, además que le había puesto un vallado de protección, o sea un cerco que lo protegía. Eso lo que significa es que cuando Dios pone un cerco a favor tuyo, no hay diablo que lo pueda penetrar a menos que Dios lo autorice pero aun así, tendrá un propósito definido y positivo a tu vida.

Obviamente que para tener ese cerco de parte de Dios en calidad de protección divina, primero es necesario derribar los cercos que el enemigo haya puesto en la mente de una persona los cuales pudo haber puesto desde el momento en que nació esa persona o en cualquier etapa de su vida o por medio de la línea sanguínea, me refiero a una herencia generacional que haya venido entonces un cerco en la mente que el diablo puso en los ancestro de alguien y no se ha podido derribar por falta de conocimiento.

Pero hoy en el nombre de Jesús, con el conocimiento que estás adquiriendo, esto puede ser de beneficio para ti, para los tuyos o para aquellos que soliciten de la intervención de Dios a través de un siervo Suyo autorizado para que pueda librar entonces guerra espiritual, en este caso puedes ser tú. Aquí cabe mencionar, quizá un poco anticipado, pero también te estaré enseñando que otra de las palabras que Jesús pronunció en la cruz del calvario, rompe con 5 cosas de la anatomía de la maldición generacional, quizá por falta de conocimiento no se habían utilizado todos los recursos que Dios dejó a tu alcance, pero en el nombre de Jesús los conocerás en pos de seguir hacia una total libertad.

Volviendo a lo que estaba hablando de Job, puedes ver en la Biblia que aquel varón fue muy próspero, pero de pronto ves que el cerco de protección le fue quitado y Satanás se proyecta en contra de aquel varón atacando sus bienes, su familia y por último su cuerpo porque el cerco de protección de Dios había sido quitado para probar la fidelidad de Job; pero el punto es que mientras hay un cerco que Dios haya puesto protegiendo tu vida, Satanás no podrá hacer nada, no habrá demonio que pueda penetrar para tocar tu vida, tu familia ni tus bienes.

Los Cercos de Satanás

Pero entonces resulta que como Satanás es un imitador, copia la misma estrategia de Dios y pone cercos en la mente de la gente, con el propósito que no llegue ni una sola ayuda externa hacia dentro y tampoco puede haber de adentro una visión hacia fuera, entonces cuando el enemigo pone un cerco en la mente, basándome en la palabra que **IEDO**, significa que el enemigo cerca con pensamientos irracionales.

La palabra **IEDO** tiene dentro de sus acepciones la palabra **percepción, como sinónimo de visión**. Ahora bien, nadie puede tener una visión de su entorno si no tiene una visión interna; eso es lo que se conoce como una infravisión; eso lo que explica es que puedes ver en tu interior, puedes notar las bendiciones que Dios ha puesto en ti como pueden ser unciones, equipamiento, revelación, entendimiento a los misterios de Dios, etc., eso mismo te permite ver hacia donde va tu caminar, tu llamamiento ministerial y puedes saber que no verás muerte aunque el diablo diga y haga lo que quiera, no morirás sino hasta que cumplas a totalidad la misión con la que Cristo te programó lo que harías estando en la Tierra.

Pero si Satanás daña esa infravisión entonces no ves hacia dentro y consecuentemente no ves hacia fuera, no tienes el panorama de lo que Dios programó que alcanzarías estando en la Tierra; pero entonces esa visión solamente se puede dañar afectando tu mente por medio de los cercos que el enemigo pone para impedir una transformación y consecuentemente una visión. Cuando tu mente ha sido transformada, tienes visión a futuro de forma positiva o negativa, dependiendo de qué es lo que la haya transformado y así será también la visión.

Por eso el enemigo lo que busca es bloquear la mente para que no sigas en la transformación positiva, sino que se vea trastocada negativamente y tu visión sea involutiva y no sepas qué es lo que Dios ha puesto en tu vida; puedes perder las esperanzas porque no tienes un panorama claro de lo que alcanzarás y finalmente podrías terminar rindiéndole tu voluntad al enemigo.

Cuando tienes visión de Dios, estás en el lugar, hora y con la gente correcta, pero cuando te dañan la visión llegas a estar en el lugar, hora y con la gente incorrecta de tal manera que ahí si podrías morir, pero ese no es el deseo de Dios, por eso el libro de Eclesiastés dice lo siguiente:

Eclesiastés 7:17 (LBA) No seas demasiado impío, ni seas necio. ¿Por qué has de morir antes de tu tiempo?

Si hace referencia a una muerte antes de tiempo, significa que también hay tiempo para morir, la misma Biblia lo afirma en **Eclesiastés 3:2**, pero el punto es que debes darle toda la importancia necesaria a la voluntad de Dios en tu vida, con el propósito que no estés fuera de tiempo nunca y que llegues a donde debas llegar pero porque es la voluntad del Señor. Claro que el deseo de Satanás es que no busques hacer la voluntad de Dios para tenerte fuera de Su plan y entonces sea más fácil engañarte, por eso está constantemente lanzando ataques a la mente.

Por eso las batallas de la mente es de lo peor que puede padecer una persona, porque una vez que el adversario ha dejado caminando su plan de ataque en tu mente, él no hace mayor cosa, todo se va desarrollando como si fuera por piloto automático, porque si el enemigo puso un cerco en tu mente, primero activó su plan para que con esa batalla te derrotarás tu solo.

Con esto debes saber que aunque la mente esté bloqueada sigue trabajando pero en un círculo vicioso que dejó marcado el enemigo para eliminar toda esperanza que pueda surgir en Dios y que vea su fin muy próximo sin alternativa, es más, que se acomode a esa idea, dicho en otras palabras, haya un conformismo negativo en vivir bajo sufrimiento.

El Secuestro del Cerebro

Cuando el enemigo finalmente logra cercar la mente, puede ser considerado como un secuestro; por eso cuando Jesús le dijo al Padre: **Perdónalos, porque no saben lo que hacen...** lo hizo en pos de darte una oportunidad del momento cuando te desviaste y terminaste haciendo cualquier cosa contraria a la voluntad de Dios a causa del secuestro de tu mente; pero el punto es que Dios lo hizo en la guerra espiritual que tuvo en la cruz del calvario cuando peleó por ti para justificarte por Su sangre preciosa.

El Pensamiento Irracional

Otra de las situaciones que se ven de manifiesto en una mente que el enemigo ha cercado, es la falta de razonamiento espiritual de acuerdo al patrón de Dios de lo que está viviendo; dicho en otras palabras, es una persona que está contraria a la razón de Dios, por consiguiente no comprende por qué está viviendo lo que vive, no llega a asimilar nada en su vida, está fuera del alcance de llegar a comprender qué es lo que Dios hará después de pasar las crisis que está viviendo; porque una crisis que llega a tu vida, por difícil que sea, si tu mente está protegida, logra comprender que esa batalla está en pos de ti de parte de Dios para convertirte en una persona experimentada en cierta etapa de tu vida.

Las experiencias negativas, por difícil que sean, permiten que te conviertas en una persona experimentada en la vida combativa para continuar adelante y poder ayudar a otros a salir de sus problemas.

Ejemplos Bíblicos

A continuación quiero mostrarte algunas bases bíblicas donde hubo personajes que fue Dios quien operó contra ellos; el problema es que como Satanás copia todo lo que ve hacer en Dios, más aun por el cargo que tuvo cuando fue Querubín cubridor; entonces aplica lo que conoció y logra engañar a muchos porque la gente desconoce que él no está creando ninguna estrategia que sea nueva para favorecerse, sino que él copia las estrategias de Dios por la misma razón que ya mencioné; Satanás cuando era llamado Luzbel, fue una entidad que Dios usó, estuvo a Su servicio en determinado momento del tiempo creacional.

Por eso, cuando Satanás es destituido ya conocía algunos principios que son los que aplica, la guerra espiritual que realiza contra la humanidad es guerra a la manera de Dios, porque él vio al Señor librar batallas y copió las estrategias que Jehová de los ejércitos realizaba; claro que Dios es el único experto en saber cómo, cuándo, por qué y dónde, es ahí donde Satanás queda en desventaja, lo que el diablo hace es aplicar cierta estrategia esperando funcione, pero no siempre alcanza su objetivo porque él lo hace más por el método científico de prueba y error.

El Por qué de La Efectividad de Jezabel

De ahí entonces la forma en que él cerca la mente de la gente para que no entienda que está siendo derrotada con las mismas estrategias de Dios; a diferencia que en las manos o bajo la dirección de Satanás es para destruir a todo creyente, por ejemplo: **¿cómo crees que la potestad llamada Jezabel tiene efectividad en algunos lugares cuando lanza su ataque?**, porque lo que ella hace es operar en sensualidad, murmuración, división, falsa profecía, hechicería, brujería, etc., pero ella no puede ser grande si no hay un Acab, porque la característica de este personaje era tener un carácter pasivo.

Alguien que es pasivo no significa que esté lleno de la paz de Dios porque Su paz está basado en otro principio en guerra espiritual, por eso dice la

Biblia que el Dios de paz aplastará en breve a Satanás bajo la planta de vuestros pies… entonces ¿qué es lo que hace Satanás?, usar la estrategia de la paz, trastocándola para que en lugar de paz, haya pasividad la cual significa en primera instancia, comportamiento o sea el carácter de una persona; quiere alcanzar algo pero que otro lo haga por él.

Acab anhelaba muchas cosas pero no las hacía él, no trabajaba en la parte que a él le correspondía porque estaba dominado por Jezabel, quien a su vez necesitaba de Acab para desarrollarse como tal. Por eso, si deseas destronar o deshabilitar la operación de Jezabel, debes desarraigar toda actitud que pueda haber en ti, pero no solamente de Jezabel, sino de Acab. Por eso debes saber que la pasividad es un problema que está relacionado primeramente con el comportamiento, también es un espíritu de víctima y es un receptor de Jezabel.

Aquí en donde volvemos a la mente, porque la pasividad primeramente es trabajada en la mente de una persona; alguien puede ver que su casa se está cayendo y no hace ni el mínimo intento por ver cómo arreglar el problema; inclusive puede ser que haya alguien que está tendiendo problemas graves en su matrimonio al punto que lo está perdiendo, pero no hace nada por buscar la solución, pero esto es solamente es resultado de un comportamiento pasivo que seguramente le trabajaron en las primeras etapas de su vida, a través de abuso físico, psicológico, religioso o quizá es huérfano y entonces como cada una de esas situaciones producen comportamiento pasivo, esa persona está siendo el receptor apto para que Jezabel tenga un medio de operación.

Recuerda que no puedes quedarte estático, si no evolucionas, sencillamente involucionas, el simple hecho de no hacer nada te hace retroceder porque todo avanza y si tu no lo haces, estás retrocediendo; es como aquella persona que no ha querido hacer uso de los recursos más modernos para estudiar porque dice que todo eso es del diablo; cuando la realidad es que dependiendo del uso que le des a las cosas, ese resultado alcanzarás; si usas una computadora para ver pornografía, seguramente que la tecnología te está ayudando a perder la visión que Dios puso en ti, pero si la usas para estudiar la Biblia, alcanzar mucho más conocimiento de Dios en menor tiempo.

Estudiar con libros impresos en papel es bueno, de hecho aun se usa ese método en muchas de las ciencias, pero eso no significa que sea pecado usar una computadora para estudiar en términos generales, como tampoco es pecado que alguien teniendo las posibilidades de adquirir una computadora, le guste estudiar la Biblia impresa en papel; el punto es que debes avanzar para alcanzar aquello por lo cual Dios te alcanzó y no pensar que ya llegaste a la meta porque mientras estés en la Tierra siempre habrá algo que debas aprender.

Pero entonces lo que necesitas es conocer cada vez más a Dios, Sus principios, Su voz, etc., con el propósito de poder discernir cuando el diablo pretenda engañarte con su operación de error, queriendo marcar lo que hace con principios parecidos a los principios de Dios en guerra espiritual. Por eso en el inicio mencioné el principio que Dios ha establecido diciendo que si atas algo en la Tierra, se atará en los cielos; porque la guerra espiritual no es con fuerza humana, no es con ejército, sino hablar palabras en la esfera del Espíritu las cuales son jurídicas y activan el régimen de los derechos espirituales donde todo es posible que suceda a favor de lo que declares de parte de Dios.

Puedes atar espíritus de alcoholismo, de seducción, de división, de sensualidad de tal manera que lo que ates en la Tierra, en los cielos lo harán también las huestes de parte de Dios; eso es guerra espiritual.

La Iglesia es la voz a través de los ministros del Señor para activar Sus bendiciones en las esferas espirituales; por eso es necesario que trabajes y batalles lo que sea necesario para tener tu mente libre de contaminaciones, que sea el cerco de Dios el que la tenga siempre protegida y no aprisionada con el cerco del enemigo.

Si permites al enemigo que cerque tu mente, estarás perdiendo una batalla desde antes de comenzarla porque no recibe consejo de nadie, no clamas porque no tienes a quién clamarle, tu visión está opacada porque ha perdido la esperanza de las cosas que Dios te ha dado, pero eso es de lo que El desea prevenirte, para lo cual necesitas tener Su cerco y que no haya diablo que pueda meter su mano.

El Dialogismo de Nabucodonosor

Observa entonces los versículos donde se menciona cómo fue que Dios operó contra una persona pero con propósitos definidos:

Daniel 4:16 (LBA) 'Sea cambiado su corazón de hombre, y séale dado corazón de bestia, y pasen sobre él **siete tiempos**.

Daniel 4:16 (BNP) Perderá el instinto de hombre y adquirirá instintos de fiera, y pasará en ese estado **siete años**.

Daniel 4:13 (BJ2) Deje de ser su corazón de hombre, désele un corazón de bestia y pasen por él **siete tiempos**.

Daniel 4:16 (NVI) Deja que su mente humana se trastorne y se vuelva como la de un animal, hasta que hayan transcurrido **siete años**."

Nuevamente puedes ver la estrategia de Dios operando bajo la perspectiva del 7. La operación de Dios con este personaje era ponerle pensamiento irracional y el hombre empezó a pensar como bestia y se convirtió en bestia. El enemigo lo que hace es poner un pensamiento irracional para hacerte creer que eres perdedor, que vas a perder la batalla, no vas a poder salir del problema en el que estás, que no hay respuesta ni solución al problema, cuando la realidad es que la Biblia dice claramente que en Cristo eres más que vencedor **(Romanos 8:37)**; el bloqueo es hacia eso, para que olvides y pierdas la visión de que eres más que vencedor y entonces te des por vencido.

Lo que Nabucodonosor experimentó, tiene un nombre en el idioma griego y se pronuncia dialogismo, eso significa que su dialogo interior fue dañado y que sus pensamientos dejaron de ser racionales para que su naturaleza humana pensara entonces en forma negativa, su pensamiento lo llevó a deformarse al punto de convertirse en la bestia que habla la Biblia que terminó siendo durante 7 años.

Con esto puedes ver claramente cuál es el resultado de la batalla en la mente, por eso la primera palabra de Jesús en la cruz del calvario estaba relacionada con el pensamiento, la percepción que está relacionada con la visión, la cual no es clara si la mente no está transformada.

Cuando el evangelio se revela a tu corazón lo primero que pide es el arrepentimiento, lo cual no es manifestado solamente en llanto, sino que debe haber un verdadero cambio de mentalidad; el evangelio comienza en la mente por eso Satanás inicia su ataque contra la vida de todo creyente, en la mente porque cuando aceptas a Jesús en tu corazón es porque hubo un cambio de mente que día con día debe evolucionar.

Como Satanás sabe que en ese momento estás evolucionando, él busca que involuciones para lo cual cerca tu mente para provocar te sientas como un secuestrado y acusado para que no dejes entrar información de Dios donde puede cambiar tu forma de pensar al saber que existe una oportunidad en Jesús. Por eso debes saber que ningún cuerpo se prostituye en primera instancia; cuando eso sucede, lo que hizo Satanás con antelación fue prostituir la mente, por eso es importantísima esa primera palabra del Señor cuando estuvo en la cruz:

PADRE, PERDÓNALOS, PORQUE NO SABEN LO QUE HACEN…

El bloqueo de Satanás produce ignorancia y esto a su vez es la condición primordial que el enemigo busca para poder ser efectivo contra la humanidad; por eso él es el príncipe de las tinieblas, pero considerando que tinieblas no es solamente ausencia de luz, sino que también es ignorancia. Por eso, donde hay ignorancia prevalece Satanás y sus abusos, pero entonces Jesús dijo:

Juan 8:32 (LBA) …y conoceréis la verdad, y la verdad os hará libres.

Entonces en la medida que avanzas en el conocimiento de las verdades de Dios, en esa medida vas alcanzando más y más libertad, pero nadie puede llegar a tener un máximo de libertad hasta que no haya disfrutado el nivel de libertad en el que está hoy; es como un autoexamen, debes pasar la prueba para subir de nivel superior de libertad y cada vez más, por eso la libertad en el Señor es progresiva; si una vez fuiste libre y hoy eres libre, seguirás siendo más libre pero no hagas de tu libertad un pasado para creer que no hay otra esfera de libertad a la que Dios quiera llevarte hoy.

La única forma en que el enemigo puede bloquear los niveles de libertad es poniendo cercos en tu mente, si el adversario pone cercos de pensamientos irracionales en tu mente, el siguiente cerco es emocional, de aquí es de donde surge el cerco del resentimiento. Lamentablemente dentro de la Iglesia de Cristo hay mucho hijo de Dios con resentimientos, eso significa que también hay un cerco irracional.

Recuerda que si la libertad en Dios es progresiva, los cercos de Satanás también lo son porque es una estrategia que le copió a Dios cuando veía Sus batallas, cuando El peleaba en el nivel de Dios contra Sus enemigos; el enemigo tiene la estrategia pero negativa.

Entonces cuando la aplica, resulta que si el primer cerco es de pensamientos irracionales, el siguiente es de las emociones donde surge el resentimiento, como ya lo mencioné; para que vivas de ese modo, con resentimiento, lo cual es volver a tener el mismo sentimiento de dolor que produjo la herida que alguien te hizo en el alma, dicho en otras palabras, como lo enseñé en mi libro: **"El Alma Viviente"**; los agujeros del alma son por donde se empieza a manifestar la fuga de todo lo bueno que Dios ha puesto en ti, al punto que aun la sangre con el poder de sanidad la dejas derramar porque no tienes la capacidad de retenerla a causa de los agujeros en el alma.

Claro que esto puede ser un resentimiento muy antiguo que aun después de 20, 30, 40 o cualquier cantidad de años que hayan pasado, aun lo guardes por la falta de perdón genuino. El problema es que la falta de perdón viene a darle vía al siguiente cerco de la muerte física, de aquí entonces de alcanzar la sanidad interior que estudiaste en el libro **"El Origen del Alma"** y **"El Alma Viviente"**, en ambos libros Dios me permitió enseñarte acerca de la sanidad del alma; lo que hoy estás viendo, como puede ser una muerte física después de los cercos del enemigo; es entonces el producto de la falta de perdón.

Testimonio

Hace mucho tiempo el Señor me permitió liberar a una persona que había sido próspero económicamente después de haber hecho un pacto con el diablo; el enemigo le dijo que hiciera una serie de cosas para aprisionar su alma, hasta que un día conoció a Jesús, pero su alma seguía con aquel problema que aquel hombre no quería reconocer.

De pronto se llegó el momento en que el enemigo se le manifestó mientras platicábamos en la comodidad de su hogar; aunque estoy claro con que no se debe ministrar ni liberar en los hogares, no hubo otra oportunidad porque yo desconocía de su problema, de lo que había hecho en su pasado.

Entonces el enemigo se manifestó pero cercó su mente al punto en que una vez que caía al suelo, lo llevaban a su cama y permanecía ahí 2 semanas hasta que finalmente se recuperaba.

Así pasamos durante 1 año para que finalmente fuera liberado; la guerra espiritual nos llevaba solamente 20 minutos porque el enemigo lo bloqueaba y caía desmayado hasta que se lograba recuperar 2 semanas después. Luego llegaba para que siguiéramos la liberación y de esa misma forma pasamos 1 año hasta que finalmente fue libre.

Ese hombre ahora testifica de lo que él percibía literalmente, porque el enemigo tomaba su mente para manifestarle potestades que llegaban y lo rodeaban para que no viera a nadie de los que estábamos liberándolo, aunque hiciéramos lo que hiciéramos, él estaba bloqueado en su mente y no escuchaba nada solamente veía lo que el enemigo le ponía en su mente.

Finalmente logramos liberarlo en el nombre de Jesús, pero comprendí que fue a causa de poder romper el cerco que Satanás había puesto en su mente. Por eso debes saber que tu victoria comenzará a ser tan real cuando se rompan los cercos que el enemigo haya puesto; con esto no estoy engrandeciendo la obra de enemigo, pero en realidad es necesario hablar las cosas como son para tomar las medidas pertinentes y actuar como se debe y poder cambiar entonces de forma de pensar, porque si las brujerías son reales, las cosas se pueden complicar, aunque la realidad es que no hay nada en contra del poder de Dios manifestado en ti.

También debes saber que si Satanás ha intensificado su operación de las tinieblas, es porque le queda poco tiempo, El sabe que Dios está equipando cada vez más a Sus siervos para la liberación de demonios y espíritus inmundos y está decodificando el poder de la sangre derramada por Jesús a favor tuyo y de todo aquel que la necesite; consecuentemente el enemigo lo único que puede hacer es cambiar su estrategia de mentira, no puede hacer otra cosa, por eso debes estar ejercitando el don de discernimiento para que el Espíritu Santo te muestre dónde y cómo está obrando el enemigo.

La Iglesia de Cristo está siendo levantada en el nombre de Jesús con revelación y poder para detener y quebrantar toda obra de las tinieblas y para eso está activando toda la estrategia de guerra espiritual porque el tiempo ha llegado y es tiempo de levantarte con las armas que Dios te está entregando hoy, pero recuerda que el poder secreto está en la batalla que el Señor Jesucristo libró en la cruz del calvario para hacerte más que vencedor, cuidando tu vida de no permitir que el enemigo cerque tu mente sino que esté siempre viva la palabra:

PADRE, PERDÓNALOS, PORQUE NO SABEN LO QUE HACEN...

La Guerra Espiritual Codificada En:

En Verdad Te Digo Hoy Estarás Conmigo En El Paraíso

Capítulo 2

Las palabras que el Señor Jesucristo pronunció estando en la cruz del calvario, han sido recordadas por muchos, se convirtieron como parte de la enseñanza para toda persona aunque visto desde el punto de vista religioso.

Sin embargo la intención del Señor en haber pronunciado esas palabras en medio de la crucifixión, no fue para que se le recordara de esa forma; el trasfondo de esas palabras fue activar una guerra espiritual con proporciones inimaginables, al punto que hoy tienes la oportunidad de alcanzar la bendición del beneficio por lo cual Jesús habló estando clavado en la cruz.

Recuerda que la victoria ya fue alcanzada, lo único que debes hacer es resistir los ataques lanzados en contra tuya para saber cómo y cuándo activar los principios que Dios, por Su Espíritu te revela en guerra espiritual, y así ser efectivo y poder neutralizar y detener todo avance del mal que

Satanás y sus emisarios están trabajando en contra de la Iglesia de Cristo.

El Poder de la Segunda Palabra de Jesús en la Cruz

Empezaré entonces por dejar plasmada la cita base que utilizaré, donde se refleja la segunda palabra pronunciada por Jesús en la cruz:

Lucas 23:43 (LBA) Entonces Él le dijo: En verdad te digo: **hoy estarás conmigo en el paraíso**.

Es interesante ver que desde que el Padre envió al Señor a la Tierra, nunca antes había mencionado la palabra **"paraíso"**, sino hasta el momento en que llegó a la cruz, es más, fue la única vez que la pronunció, precisamente cuando le está dando la oportunidad de salvación a aquel hombre que estaba a un lado de El en otra cruz; aunque eso es maravilloso, realmente lo que estaba dejando como enseñanza era que sin importar lo que una persona hubiera hecho durante toda la vida, si en el último momento de su vida en la Tierra se arrepiente, Dios lo puede perdonar como lo hizo con aquel varón por cuanto Jesús es el intercesor entre Dios y los hombres.

Entonces, dado que fue la única vez que Jesús pronuncia esa palabra en una guerra espiritual, debemos vincular ese momento, con lo que aconteció en el paraíso cuando aquellas personas pierden la atmósfera de bendición placentera que Dios había diseñado para ellos. El paraíso no era cualquier cosa, era un lugar donde se experimentaba una especie de estado idílico, donde el hombre estaba ejercitando su mente todos los días y según él entendía la naturaleza de lo que veía, así le asignaba nombre para la posteridad.

Pero lo que más debe llamarte la atención es que cuando Jesús estaba en la cruz, se encuentra con un representante de gente pecadora por toda la historia, con el que estaba representando a los males y por lo cual se cerrarían las puertas de muchas bendiciones; pero el Señor en esa guerra espiritual estaba habilitando lo que el enemigo con engaño había hecho que el hombre perdiera.

Génesis 3:13-15 (LBA) Entonces el SEÑOR Dios dijo a la mujer: ¿Qué es esto que has hecho? Y la mujer respondió: La serpiente me engañó, y yo comí. [14] Y el SEÑOR Dios dijo a la serpiente: Por cuanto has hecho esto, maldita serás más que todos los animales, y más que todas las bestias del campo; sobre tu vientre andarás, y polvo comerás todos los días de tu vida. [15] Y pondré enemistad entre ti y la mujer, y entre tu simiente y su simiente; **él te herirá en la cabeza, y tú lo herirás en el calcañar**.

Lo que Jesús estaba haciendo entonces en la cruz cuando dijo: **hoy estarás conmigo en el paraíso...** era el cumplimiento de la profecía escrita en **Génesis 3:15**, con esa palabra el Señor estaba activando la guerra espiritual para que tuviera lugar en el momento justo lo que habría de cumplir; eso significa entonces que en ese momento Dios estaba derrotando, tanto a la serpiente como a su simiente, destruyendo las obras de la serpiente así como los ataques que la simiente de la serpiente realizaría desde ese momento, hasta hoy.

Eso significa que cualquier batalla que estés experimentando, ya está ganada porque el Señor Jesucristo activó la guerra y la ganó por ti, con lo cual te acredita como uno más que vencedor en Cristo Jesús. Además de todo eso, debes ver lo irreconciliable de la enemistad entre la mujer y la serpiente, dicho en otras palabras, existe un odio irracional de parte de la serpiente hacia la mujer, por lo cual **Dios activó a la mujer para que fuera una guerrera en el nombre de Jesús y no sucediera lo mismo que en el paraíso**; por eso es que la serpiente la está atacando constantemente, a consecuencia del precedente que existe descrito en **Génesis 3:15**.

Por eso quedó escrito lo siguiente:

2 Corintios 11:3 (R60) Pero temo que como la serpiente con su astucia engañó a Eva, vuestros sentidos sean de alguna manera extraviados de la sincera fidelidad a Cristo.

Eso significa que debe cuidar sus sentidos, no obstante que el Señor Jesucristo ya ganó la batalla para la mujer llamada Iglesia, también lo hizo para la mujer en forma individual.

Otro punto que debes analizar es que así como la mujer tiene enemistad con la serpiente, de igual forma la simiente de la mujer a la que se refería aquella profecía, entiéndase con esto a Jesús, pero eso te involucra a ti también porque eres parte de esa simiente de Dios, por consiguiente hay una enemistad totalmente irreconciliable con el adversario.

Por eso el creyente se encuentra constantemente en batallas, luchas y ataques; porque tu vida se encuentra en un mover como si estuvieras en un campo literal de batalla; claro que hay momentos de reposo, tranquilidad, paz, etc., donde parecería que el enemigo tuvo miedo de seguirse enfrentando a la simiente de Dios cuando te ve; pero después de un tiempo regresa a tratar de desanimar e intimidar al creyente, pero debes volver a poner por obra los principios de Dios y entonces levantarte en el nombre de Jesús para contrarrestar el ataque del adversario y golpear en contragolpe porque así es la vida del cristiano, de una constante batalla donde debes tener presente toda estrategia que Dios te haya enseñado.

Las Simientes

De tal manera que a partir de **Génesis 3:15,** la Tierra y sus habitantes empezaron a tener una constante confrontación con la simiente de la serpiente, por ejemplo:, en los días de Noé puedes ver claramente la batalla de la simiente de la mujer y de la simiente de la serpiente:

Génesis 6:4 (LBA) Y había gigantes en la tierra en aquellos días, y también después, cuando los hijos de Dios se unieron a las hijas de los hombres y ellas les dieron a luz *hijos*. Éstos son los héroes de la antigüedad, hombres de renombre.

Con esto lo que deseo que observes es que no solamente a la unión de los hijos de Dios con las hijas de los hombres fue que se dio inicio a los gigantes, sino que antes de eso ya existían gigantes, ¿por qué?, porque ya estaba la simiente de la serpiente en la Tierra, ya habían pasado algunos años desde la caída de Adán hasta los días de Noé para considerar el surgimiento de aquella simiente maligna contaminando y afectando a la humanidad.

Otra de las situaciones que debes observar es que llegó un momento en la Tierra en el que la maldad era mucha y el Señor llega a tener un trato con la humanidad en el sentido en que les reduce los años de vida; después que habían hombres de más de 900 años, llegaron a vivir 120 años aunque aun eran muchos porque la estrategia de la simiente de la serpiente había estado trabajando en la reducción de la humanidad de una forma que se convirtieran en autoinmunes a consecuencia de la desobediencia a Dios.

Génesis 6:5 (LBA) Y el SEÑOR vio que era mucha la maldad de los hombres en la tierra, y que toda intención de los pensamientos de su corazón era sólo *hacer* siempre el mal.

Entonces una de las estrategias de la simiente de la serpiente era atacar la imaginación del creyente para lo cual el arma que usa es poner fantasías en su mente, por eso en la actualidad se utiliza propaganda erótica con el propósito de crear fantasías de ese tipo, aunque la publicidad de determinado producto no esté relacionada con lo erótico, lo usan porque conocen cuál es la semilla que existe en el corazón del hombre, de tal manera que una vez alimentada puede producir emociones hasta llegar a las pasiones y deseos de la carne, consecuentemente hasta llevarlo al pecado.

Esto sin contar con que una emoción trastocada por el erotismo, puede producir una sintonía de sueños negativos de tipo sexual con lo cual se le puede abrir puertas a la potestad llamada Lilith; esto a su vez lleva a la persona a una secuencia de experiencias con íncubos en el caso de las mujeres y súcubos en el caso de los hombres.

Aunque no debe extrañarse todo lo que hacen las tinieblas; este tipo de espíritus pueden incursionar en hombres y mujeres indistintamente a consecuencia del aumento de la iniquidad en el mundo, esto sería como decir una especie de homosexualismo solamente que a nivel espiritual de las tinieblas con un hombre o una mujer, según sea el caso.

Me refiero entonces a que en el caso de las mujeres, aunque no es correcto; lo normal es que la visite un espíritu de íncubo porque es un espíritu masculino y a los hombres los puede visitar un espíritu de súcubo porque es un espíritu de tipo femenino; pero lo que se ha reportado recientemente es el hecho que los íncubos visiten hombres y los súcubos visiten mujeres; es lo que ya había dicho, una especie de homosexualismo entre la humanidad y espíritus de las tinieblas.

La Simiente de La Serpiente en La Tierra

Aunque esto no es nuevo, debes saber con esto que la simiente de la serpiente ya está en la Tierra, por eso las batallas en el área sexual se han incrementado, pero el Señor Jesucristo ya peleó la batalla espiritual en la cruz del calvario, de tal manera que el cristiano que ha estado padeciendo ese tipo de batallas, pueda romper con toda agenda diabólica en contra de su vida para que nunca más vuelva a tener esas experiencias negativas.

¿Por qué digo que ya está en la Tierra la simiente de la serpiente?

Porque el mismo Señor Jesucristo dijo que la señal de Su venida sería como en los días de Noé, de tal manera que cuando observas con detenimiento lo que sucedía en aquel entonces, está involucrada la incursión de la simiente de la serpiente, lo cual para este tiempo se potencializará aprovechando lo que el hombre aun tenga reservado en su corazón, porque para que la operación de las tinieblas tenga éxito, debe encontrar un receptor que haga sinergia; de aquí entonces la importancia de la sanidad interior, la importancia de una buena y verdadera ministración del alma con el propósito que no haya vestigio del actuar de una vida pasada, sino que sea sanada totalmente en el nombre de

Jesús y que Su sangre derramada te catapulte a un nuevo nivel espiritual cada vez que participes de la Santa Cena.

Es necesario que le pongas importancia a esta situación porque es un mover de espíritus inmundos y de demonios que tienen el género de ser simiente de la serpiente, son como una especie de depredadores en el reino de las tinieblas que llegan para consumir todo lo bueno del ser humano; por eso dice la Biblia que cuando descendieron aquellos seres que abandonaron su privilegio divino, escogieron las más puras, santas y bellas porque lo que busca la simiente de la serpiente es estropear lo que hasta aquí se haya alcanzado en el plan de Dios para un cristiano.

Claro que el plan de Dios sigue caminando porque al Señor nadie le echa a perder nada, pero el cristiano que no esté en la disposición de despojarse de un pasado negativo, emociones desastrosas que dañan su alma; perderá todo lo que haya logrado y tendría que empezar de nuevo en pos de no convertirse en un depósito o receptor de espíritus inmundos o demonios, no convertirse en un vehículo de la simiente de la serpiente porque al final todo lo bueno que Dios haya puesto en una persona, de eso se alimentará la serpiente, pero no porque guste de lo bueno, sino porque busca la forma de hacerle perder al hombre los dones y unciones que el Señor haya depositado en él y apropiárselos para usarlos con contra de la Iglesia.

Por eso dice el Profeta Isaías:

Isaías 14:16-17 (LBA) Los que te ven te observan,
te contemplan, *y dicen:* "¿Es éste aquel hombre
que hacía temblar la tierra, que sacudía los reinos,
17 que puso al mundo como un desierto, que
derribó sus ciudades, que a sus prisioneros no
abrió la cárcel?"

Porque Satanás no tenía poder a partir de cuando fue destituido, sin embargo se alimenta de los creyentes que no cuidan la unción de Dios en ellos; la simiente de la serpiente son como una especie de sabandija que pican y absorben todo lo que la gente tiene en su interno espiritual. Por eso es su ataque en el área sexual, porque saben que a través de la imaginación de fantasía erótica, la gente es debilitada porque es un veneno que puede acabar con la vida de cualquier persona.

Cuando continuas estudiando en la Biblia todo este aspecto, resulta que a partir de **Génesis capítulo 6**, la Tierra está pervertida, por eso Dios decide purificarla con un diluvio pero resulta que después del diluvio, se vuelven a mencionar los gigantes, ¿dónde?, en la tierra que Dios le prometió a Israel, o sea Canaán; aquellos gigantes aterrorizaban e impedían que los israelitas heredaran la promesa de Dios.

Surge entonces la pregunta, ¿por qué es que Dios entrega promesas y paralelamente una especie de obstáculos?, porque debes poner en práctica lo que Dios activó en ti desde que estuvo en la cruz del calvario precisamente librando guerra espiritual, tienes que comprobar por ti mismo que la victoria que Jesús ganó por ti, está vigente hoy; el poder de las 7 palabras está activo para que te apropies de ese poder en el nombre de Jesús para batallar en guerra espiritual, con la convicción que saldrás adelante sin importar el problema por el que estés atravesando porque Dios ya decretó bendición a tu vida y se cumplirá.

Josué 15:13-14 (LBA) Y dio a Caleb, hijo de Jefone, una porción entre los hijos de Judá, según el mandato del SEÑOR a Josué, *es decir,* Quiriat-arba, *siendo Arba* el padre de Anac, es decir, Hebrón. [14] Y Caleb expulsó de allí a los tres hijos de Anac: Sesai, Ahimán y Talmai, hijos de Anac.

Dejo esta cita para traer a tu memoria que alrededor de Hebrón había gigantes, adicionalmente debes recordar que en Hebrón estaban enterrados todos los patriarcas; aquella tierra era como un lugar con atmósfera de mortandad porque los gigantes se habían establecido ahí, era el lugar de la simiente de la serpiente. Interesantemente el **nombre Hebrón significa: lugar donde murió el avivamiento**; aquel era el lugar donde el enemigo había logrado llevar a los primeros hombres de la fe y la estadía de los gigantes en ese lugar era como un sinónimo de decir que, defendían el lugar que les había entregado la victoria; según ellos.

Lo que desconocían hasta ese momento es que vendría el que habría de destruir la simiente de la serpiente y que Su voz diciendo: **hoy estarás conmigo en el paraíso...** estaba íntimamente relacionada con la destrucción de esas potestades.

Los Gigantes

Ahora bien, cuando David está en Israel, tuvo que vencer 5 gigantes, o sea que no fue solamente la historia que se conoce popularmente de la batalla entre David y Goliat, sino que hubo 4 más.

1. Goliat **1 Samuel 17:4**
2. Isbi-benob **2 Samuel 21:16**
3. Saf o Sipai **2 Samuel 21:18**
4. Goliat geteo **1 Samuel 21:19**
5. Lahmi **2 Samuel 21:20** y **1 Crónicas 20:5**

La Biblia entonces permite que veas cómo fue que a David y sus hombres de guerra se les atribuye la victoria sobre los gigantes quienes eran simiente de la serpiente. David tuvo el privilegio de destruir la simiente física de la serpiente y a Jesús le correspondió la destrucción más difícil; destruir la simiente espiritual de la serpiente, porque ahora la lucha ya no era contra carne y sangre como lo hizo David, sino contra potestades, principados, gobernadores y huestes de maldad, tu lucha es contra seres invisibles que solamente se les vence o daña a través de las palabras que en guerra espiritual aprendes a pronunciar porque Jesús abrió el camino.

La Biblia dice que Jesús fue crucificado en el Monte de la Calavera en castellano, en el Monte Gólgota en hebreo o en el Monte Calvario en latín, es el mismo, dependiendo del idioma así lo puedes identificar; pero el punto es que David hizo un movimiento profético, aquel que se convirtió en destructor de la simiente física de la serpiente, no solamente mató a Goliat y sus hermanos, sino que le cortó la cabeza, o sea, la parte del cuerpo donde se planifican los proyectos, donde una potestad tiene visión, decretos, oye y ejecuta ordenes de otras entidades mayores; la cabeza representa el centro de toda la planificación que Satanás ya encubó en un demonio para que realice una agenda.

Entonces cuando David corta la cabeza de Goliat, está inhabilitando los planes de la simiente física de la serpiente, pero hizo algo impresionante:

1 Samuel 17:54 (LBA) Entonces David tomó la cabeza del filisteo y la llevó a Jerusalén, pero puso sus armas en su tienda.

Cuando estudias con detenimiento dónde fue la confrontación de David contra Goliat, la Biblia lo detalla, por eso debes tener presente en todo momento que en la Biblia encontrarás todo cuánto necesites; pero debes considerar que en las escrituras no encontrarás métodos para echar fuera demonios ni para hacer guerra espiritual, sino que te revela estrategias, principios y leyes que hacen efectiva la expulsión de demonios y la guerra espiritual.

1 Samuel 17:2-3 (LBA) Y Saúl y los hombres de Israel se reunieron y acamparon en el valle de Ela, y se pusieron en orden de batalla para enfrentarse a los filisteos. 3 Los filisteos estaban a un lado del monte, e Israel estaba al otro lado del monte, y entre ellos, el valle.

Cuando investigas en un mapa para localizar el valle Ela, encontrarás que estaba a 18 millas de Jerusalén, eso significa que David tomó la cabeza ensangrentada de Goliat y caminó esa distancia para llevarla a Jerusalén, ¿para qué?, David tuvo que haber sido movido por el Espíritu de Dios porque eso sería estratégico en cuanto a guerra espiritual se trata, porque recuerda que Dios es guerrero, El es varón de guerra, entonces cuando está en batalla, Sus movimientos estratégicos los realiza en pos de vencer y destruir a Su adversario, no es para amedrentarlo solamente.

Pero entonces ya dije que el monte donde estuvo crucificado Jesús se llama el Monte de la Calavera, pero ¿calavera de quién?, porque el nombre es en singular no en plural, entonces tenía que referirse a un evento específico. Por otro lado recuerda que la profecía de **Génesis 3:15** dice que el Señor aplastaría la cabeza de la serpiente y de su simiente; por eso debes recordar lo que se conoce popularmente como las 7 palabras de Jesús en la cruz, no fueron palabras que llenaron un espacio, fue Jesús el que las pronunció para que en la guerra espiritual que libres, alcances la victoria porque El ya venció por ti.

Los Montes de Jerusalén

Mientras el Señor me estuvo revelando todo esto, me hizo pensar por mucho para llegar al punto que hoy te estoy enseñando, por ejemplo, una de las cosas que tuve que llegar a comprender es que Jerusalén estaba rodeada de montes famosos, uno de ellos es el **Monte de los Olivos, el Monte**

Moriah, el Monte Sión, el Monte Ofel y esta también el **Monte Calvario** pero este último aun no se llamaba de esa forma, sino hasta después que David llevara la cabeza de Goliat a Jerusalén. Por eso en el Antiguo Testamento no encuentras la palabra Gólgota, porque es con relación al sacrificio del Señor Jesucristo.

EL MONTE DE LOS OLIVOS

Este monte era famoso, también nombrado por David como el **Monte de los Ascensos** porque él subió ese monte lo cual puedes verlo en **2 Samuel 15:30**. El Profeta Zacarías también hizo referencia a este monte como el lugar donde el Señor Jesucristo, cuando regrese a la Tierra pondrá Sus pies, esto lo puedes ver en **Zacarías 14:4**. Jesús también estuvo en ese momento cuando en un jardín llamado **Getsemaní** que estaba en las faldas de ese monte, ahí llegaba el Señor a orar con Sus discípulos.

Lo más impresionante del **Monte de los Olivos** es lo descrito en **Hechos 1:11** porque ahí fue el lugar de donde ascendió el Señor a los cielos; pero no fue a ese monte donde se llevaron la cabeza de Goliat; es más, el holocausto de la vaca alazana, según el libro de **Números capítulo 19**, se realizaba en este monte, eso significa de que era famoso, pero no era este el punto hacia donde David había corrido con la cabeza sangrante de

Goliat, sino el monte adecuado o que ya estaba predestinado, era el mismo monte donde crucificarían a Jesús, me refiero al **Monte Calvario**:

Juan 19:17-18 (LBA) Tomaron, pues, a Jesús, y Él salió cargando su cruz al *sitio* llamado el **Lugar de la Calavera**, que en hebreo se dice **Gólgota**, [18] donde le crucificaron, y con Él a otros dos, uno a cada lado y Jesús en medio.

Uno de estos 2 hombres que se menciona aquí fue el que se arrepintió en el último momento, pero debes notar que fue tal su arrepentimiento que el Señor le dice: **hoy estarás conmigo en el paraíso**. Puedo decir que ese varón fue testigo del cumplimiento de la profecía de **Génesis 3:15**, por eso le dice a Jesús que se acordara de él cuando viniera en Su reino, porque tuvo la revelación de lo que había hecho el rey David con la simiente física de la serpiente, ahora estaba viendo en el Señor a la simiente de David que le aplastaría la cabeza a la simiente espiritual de la serpiente.

Lo que sucedió en aquel momento fue que el Señor Jesucristo reconquistó el paraíso para los que creyeran en El y con eso le estaba quitando entonces las llaves de la muerte al que tenía el imperio de la muerte, es decir el diablo. Realmente esto no lo estaría enseñando si no me lo hubiera revelado el Señor y llevado por el camino correcto para podértelo enseñar y dejarlo plasmado en este libro, porque por siglos y por un traslado de estafeta de enseñanzas fieles a la escritura, han hecho que se pierda el significado original del Monte Calvario.

Por eso razón es que muchos no saben el por qué se llamaba el **Monte de la Calavera**, algunos teólogos han batallado con ese punto doctrinal e histórico, incluso han dicho que tenía ese nombre porque ahí era donde se practicaba la ley de matar a la gente lapidada y que ahí dejaban a la gente hasta que muriera, por eso estaba lleno de calaveras, pero partiendo de eso, como ya lo señale también, el nombre de ese monte está en singular no en plural.

Otros se han atrevido a decir que el monte tenía forma de calavera, pero la realidad es que a la luz de la palabra, lo que estás aprendiendo es que David llevó la cabeza de Goliat a Jerusalén para enterrarla en el Monte Gólgota, porque era parte del plan divino de Dios porque siglos más tarde, Jesús sería crucificado y de Sus pies se derramaría la sangre más poderosa que jamás haya existido antes y donde estaría aplastando la simiente de la serpiente, por eso tenía que ser en la cruz del calvario; por eso insisto en que las 7 palabras en la cruz el calvario son guerra espiritual del Señor Jesucristo de las cuales haces memoria cuando participas de la mesa del Señor en Santa Cena.

Goliat – Gólgota

Continuando con el desarrollo de esta enseñanza, quiero que observes la similitud de la palabra **Goliat y Gólgota**. El **Monte Gólgota** llegó a llamarse de esa forma desde el momento en que David llevó la cabeza de Goliat a ese monte, aquel hombre que se había convertido en el archienemigo de Israel.

Por otro lado, también debes recordar que **Goliat** era originario de un lugar llamado **Gat**, de aquí entonces la abreviatura de **Gólgota** que inicialmente fue: **Gol – Gat – Ha**, de manera que cuando David llevó la cabeza de **Goliat** a Jerusalén la enterró en un monte que llegó a llamarse **Gólgota** por el hecho de que David sepultó ahí la cabeza de aquella victoria que Dios le había permitido; no era un enemigo más sino que era una sombra de Satanás, de la serpiente y su simiente porque David como Profeta sabía que un día Jesús estando en la cruz, aplastaría espiritualmente lo que en lo físico ya había hecho David.

Por eso es que David escribe en el **Salmo 22** todo el evento que padecería el Señor Jesucristo estando en la cruz del calvario; David tenía revelación de parte de Dios y obedecía para lo que había de hacer, porque detrás de su obediencia, Dios lo bendeciría.

Es por eso que tu obediencia a la voz de Dios tiene peso de gloria porque te permite alcanzar las victorias que El decretó en la cruz cuando pronunció aquellas 7 palabras. Por eso es necesario saber qué es lo que mueven esas potestades y qué es lo que se ha vencido a favor tuyo, de tal manera que si de pronto estas experimentando ataques propiamente de ese tipo de potestades; es necesario que te llenes de fe en saber que cuando Jesús pronunció la segunda palabra en la cruz del calvario, ordenó que se te devolviera el paraíso y que todo ataque de las tinieblas fuera destruido.

Observa estos versículos:

1 Samuel 17:26 (LBA) Entonces David habló a los que estaban junto a él, diciendo: ¿Qué harán por el hombre que mate a este filisteo y quite el oprobio de Israel? ¿Quién es este filisteo incircunciso para desafiar a los escuadrones del Dios viviente?

1 Samuel 17:36-37 (LBA) Tu siervo ha matado tanto al león como al oso; y este filisteo incircunciso será como uno de ellos, porque ha desafiado a los escuadrones del Dios viviente. [37] Y David añadió: El SEÑOR, que me ha librado de las garras del león y de las garras del oso, me librará de la mano de este filisteo. Y Saúl dijo a David: Ve, y que el SEÑOR sea contigo.

Investigando a qué se refería David cuando dice que había matado al león y al oso; pude ver que en esa región de la Tierra, no habían osos, a lo que David se refería es que a su corta edad, ya había batallado contra potestades de las tinieblas. Por eso, cuando David habló esas palabras, la gente que estaba cerca lo intentaba callar porque le decían que **Goliat era el paladín de los filisteos; era un espíritu de guerra**.

Por eso es que una de las batallas que más disfrutaremos la victoria, es la que alcancemos contra los espíritus de género de guerra, esos son los encargados de motivar las emociones de las personas con odio, ira, violencia, racismo, discriminación de toda clase, envidia, mortandad, crímenes, etc., todas las batallas donde experimentas contiendas en el plano familiar, están motivados por un espíritu de guerra que te quiere destruir, pero Dios estando en la cruz del calvario, un lugar como pocos para alcanzar victoria en guerra espiritual; dijo que puedes vencer al enemigo, sea este un espíritu de guerra o cual sea el espíritu de las tinieblas, Jesús dejó la activación de victoria sobre tu vida.

Los espíritus de guerra están a la orden de día, dispuestos a intervenir lo que sea; inclusive las guerras que tienen lugar por todo el mundo, están motivadas por espíritus de guerra para provocar todo lo que ya mencioné.

Todos los conflictos que puedas ver, están siendo incentivados por espíritus de guerra representados por Goliat; de aquí que a veces una persona pueda estar motivando a otro por medio de una mirada para que tengan peleas de cualquier tipo, esa es la razón por la cual existen divisiones en las congregaciones, familias, lugares de trabajo; porque el espíritu de guerra tiene cautivado a las personas que tengan un receptor para que ese espíritu los manipule.

Recuerda que cuando atas y ligas en el nombre de Jesús a un espíritu de guerra, estás atando y ligando toda brujería, hechicería, todo espíritu de maldición, estás deteniendo toda palabra inicua o mal intencionada que hayan dicho en contra tuya y de tu familia. Considera entonces que todo lo que has visto, está relacionado solamente con **Goliat de Gat**, ahora observa el siguiente gigante:

Saf o Sipai

Este nombre significa: el que guarda o el que se sitúa en el umbral; es como si dijeras un custodio de la puerta, su especialidad es bloquear que haya progreso en la vida del creyente. Las puertas son los accesos a una dimensión nueva de parte de Dios para ti, por eso Jesús dijo: **Yo Soy la puerta**. Saf es el que se encarga de cerrar las oportunidades de tu vida, eso significa que provoca que te desesperes porque no ves cambios en tu vida. A veces la gente aplica todo lo que tiene en pos de salir de su problema, sin embargo encuentra bloqueos para no alcanzar progresos en su vida y no logra ver que es Saf el que lo está bloqueando, el que le está haciendo una fuerte batalla.

Es interesante que el bloqueo sea una de las estrategias más usadas por todos los siglos por la simiente física de la serpiente; una de las formas de pelear por parte de los gigantes era impedir los accesos hacia Jerusalén, por eso cuando ves un mapa de Israel, puedes notar cómo estaban establecidos los gigantes alrededor de Jerusalén, por ejemplo:

- **En la costa del Mediterráneo**, estaban otros descendientes de los gigantes llamados Emitas.

- **Del lado de Jordania** estaban los Zomzomeos.

- **En la parte Norte**, estaban los Refaim.

- **En la parte Sur**, estaban los Anaceos, bloqueando la parte de Hebrón.

Podría decir que la estrategia que tenía Saf, la tomaron estos enemigos de Israel para bloquearles los accesos; es lo mismo que sucede hoy en lo espiritual, lo que buscan es bloquear los accesos a otro nivel de vida que Dios tiene para ti.

Por eso debes estar debidamente equipado espiritualmente en lo que a guerra espiritual se refiere, con el propósito de no darle ventaja alguna al enemigo y que consecuentemente no pueda cerrar los accesos por donde Dios ya habilitó que has de llegar para alcanzar otro nivel de bendición decretado desde que Jesús estaba en la cruz del calvario, desde el momento en que Su poderosa sangre fue derramada por ti, ese custodio fue desautorizado para detenerte si puedes creerlo, y entonces llegar a ese maravilloso paraíso de bendiciones donde tendrás la total restauración de mentalidad renovada en Dios, un estado de salud total, un estado donde todo es posible para bien de tu vida.

Lahmi

El nombre de este gigante significa: mi pan. Se deriva de otro nombre que se pronuncia Lékjem y su significado es: pan, comida, alimentos, provisión; todo eso es lo que el enemigo quiere dañar. Este es el enemigo que priva del alimento, no solamente material, sino también el espiritual porque tienen cerrada la puerta de acceso a donde podrías pasar para alcanzar el alimento y proveerle a tu familia y a todo necesitado que se acerque a pedir comida, pero insisto, no solamente material, sino también espiritual.

Otra cosa que hace este gigante es manipular las finanzas de las familias enteras, hogares, es un espíritu que provoca las quiebras financieras en la gente y consecuentemente en las empresas para después atraer espíritus de pobreza, escases, miseria, hambruna, etc., todo esto lo cambió Jesús en la cruz del calvario cuando activó la oportunidad para que puedas regresar al paraíso donde no hay escases de nada y la abundancia de todas las cosas no te dañarán tampoco, porque buscarás cada vez más la presencia de Dios, no buscarás más cosas, sino al dador de las cosas porque tu visión espiritual estará bien cimentada en el autor y consumador de la fe, el Señor Jesucristo.

Oportunamente he podido enseñarte la forma de cómo podrías echar fuera demonios y espíritus inmundos, pero en esta oportunidad lo que Dios pone en mi corazón para enseñarte es cómo ganar la guerra espiritual porque Jesús la ganó estando en la cruz del calvario. Debes saber también que todo esto es por revelación de Dios, no es la imaginación que haya podido alcanzar a tener, es el Señor quien me lo ha revelado para enseñártelo y que lo apliques adecuadamente en tu vida en pos de seguir ganando batallas en el nombre de Jesús y no tener miedo de enfrentarte a una guerra espiritual porque Dios ya la ganó por ti. Debes considerar todo esto cada vez que te acerques a la mesa del Señor porque ese es el resultado de todo lo que El libró en la cruz del calvario para que al participar del pan y del vino, su carne y sangre; entre en ti todo derecho de victoria sobre los enemigos que pretendan estorbar tu desarrollo integral.

Zomzomeos

Este nombre significa conspiradores, viene de una raíz que significa **diseñadores o planificadores de malas intenciones**; su especialidad es conspirar. Otra de las cosas que hacen es difamar, destruyen el testimonio de una persona, manchan el caminar de una persona, etiquetan a la gente con falso testimonio y señalan, acusan y condenan; es un espíritu de crítica, de murmuración, de chisme porque son las armas que usa este espíritu. Pero sin importar cuál sea su especialidad, en el nombre de Jesús todo eso queda neutralizado porque ninguna arma forjada contra ti prosperará jamás y toda lengua mentirosa que se levante en contra de ti será llevada a juicio.

Si tu vida ha sido difamada por la influencia de este espíritu en alguna persona; debes levantarte en el nombre de Jesús porque toda la operación de este espíritu quedará anulada por la palabra que Jesús pronunció en la cruz. Recuerda que cuando se destruye el testimonio de una persona es el ataque a uno que verdaderamente es testigo de Jesús en la cruz por la fe; por eso debes cuidarte en no tener un receptor para ningún espíritu contrario a Dios, pero especialmente de este espíritu porque no solamente estarías contaminándote con tu propia lengua, sino que estás conspirando en contra de una persona que está siendo trabajado por las manos de Dios.

Es interesante que la palabra testigo, en el idioma hebreo significa, **réplica de Dios**. Por eso es que cuando se difama a una persona, quien lo hace está atentando contra el diseño de la réplica de Dios en aquella persona. Recuerda que la intención de Dios es que llegues a ser a la imagen del varón perfecto que es Jesús y cada día estás alcanzando la réplica de Dios en ti.

Cuando ese espíritu está atacándote, lo hace contra ti pero su trasfondo es contra Dios directamente, está atacando el perfil de Dios, todo lo que el Señor ha puesto en ti, lo que El ha hecho en ti porque eres el barro que está tomando la forma que Dios desea que seas.

Quizá sufres algún daño, pero recuerda que estás en las manos del experto que seguirá trabajando hasta perfeccionarte porque Su deseo es que seas como Jesús, ¿por qué?, porque dijo que estarías con El en el paraíso y no hay adversario que pueda detener Sus planes.

Raphaim

La antítesis de este nombre es Rafá, esto es espíritu de sanidad; **Raphaim es la contra parte, entonces es un espíritu de gigantes que provoca enfermedades y por definición significa muerte**; el enemigo no está viendo hasta donde te puede debilitar, debes saber que cada ataque tiene el propósito de destruirte, matarte. Es entonces una ministración demoníaca de enfermedad que no comienza en lo físico, sino espiritual en lo espiritual que se llama astenia, la cual es una debilidad al espíritu, alma y cuando está en el alma, entonces repercute fuertemente en el cuerpo.

Un ejemplo bíblico es aquella mujer que había estado encorvada porque un espíritu de enfermedad la tenía dominada; en el diccionario Strong puedes ver que es un espíritu de astenia, eso es lo que mueve Raphaim, provoca enfermedades que no se pueden diagnosticar medicamente; la gente busca ayuda con todos los médicos que puede y nadie le encuentra el mal que está padeciendo y eso le priva de todo lo que pueda estar recibiendo, inclusive es privada de la ministración de Dios porque lo que hace ese espíritu es el bloqueo para no alcanzar la bendición de Dios.

Juan 19:17-18 (LBA) Tomaron, pues, a Jesús, y Él salió cargando su cruz al *sitio* llamado el Lugar de la Calavera, que en hebreo se dice Gólgota, **18** donde le crucificaron, y con Él a otros dos, uno a cada lado y Jesús en medio.

Lucas 23:43 (LBA) Entonces Él le dijo: En verdad te digo: hoy estarás conmigo en el paraíso.

Génesis 3:15 (LBA) Y pondré enemistad entre ti y la mujer, y entre tu simiente y su simiente; él te herirá en la cabeza, y tú lo herirás en el calcañar.

Estos versículos pueden darte todo el panorama de la bendición de la segunda palabra de Jesús en la cruz, cuando se cumplió la profecía escrita en el Antiguo Testamento, con lo cual puedes ver el poder de la sangre derramada en la cruz del calvario que hoy te ha brindado libre acceso para que goces de las bendiciones que Dios ha decretado a tu favor y que El fijo que al llegar a Su mesa participes del pan y de la copa en memoria de El, porque con eso estarías trayendo todo lo que fue dicho aquel día y validándolo para derrotar en el nombre de Jesús todo ataque de las tinieblas.

La Guerra Espiritual Codificada En:

¡Mujer, He Ahí Tu Hijo! ¡He Ahí Tu Madre!

Capítulo 3

Recuerda que eres producto del sacrificio de Jesús en la cruz del calvario, todo lo que El padeció, toda la tortura que pudo soportar fue por amor a ti y que entonces seas más que vencedor y que en el momento que te acerques a Su mesa para participar del pan y del vino, Su cuerpo y sangre; suceda lo que Jesús dijo, que se hiciera en memoria de El, en memoria de la muestra más grande de amor, porque sin tener tacha ni mancha, murió por los pecados del mundo y que todo aquel que crea en El, tenga la oportunidad de ser hijo de Dios y tener vida eterna.

Pero para llegar a ese punto que lo resumo en tan pocas palabras, también debes saber que hubo una guerra espiritual con las 7 palabras que el Señor pronunció antes de morir; palabras que han venido a libertarte totalmente para hacerte creer cada vez más a Su palabra.

El Poder de la Tercera Palabra de Jesús en la Cruz

Juan 19:26-27 (LBA) Y cuando Jesús vio a su madre, y al discípulo a quien Él amaba que estaba allí cerca, dijo a su madre: **¡Mujer, he ahí tu hijo!** 27 Después dijo al discípulo: **¡He ahí tu madre!** Y desde aquella hora el discípulo la recibió en su propia *casa.*

La palabra a la que estoy refiriéndome en esta oportunidad es:

¡Mujer, he ahí tu hijo! ¡He ahí tu madre!

Desde que empezaste a llevar la lectura de este libro, tuviste que haberte enfocado en la primera palabra que el Señor pronunció en la cruz, aunque fue una frase, hubo una palabra clave con la cual se activó el tipo de guerra espiritual que el Señor estaba llevando en aquel momento a favor tuyo.

Rompimiento de Los Cercos

Uno de los propósitos de aquella primer palabra, era romper los cercos de las tinieblas que el enemigo intenta poner en la mente de los creyentes; pudiste ver el **Salmo 22** donde el Señor experimentó lo que estaba viviendo en el mundo espiritual mientras estaba en la cruz del calvario; esos toros de Basán no estaban físicamente, pero eso no significa que no existieran y que no estuvieran batallando contra el Señor.

Incluso en las constelaciones que se describen en el libro de Job, también existe una, llamada Taurus, la cual representa una esfera sobrenatural que estaba cercando al Señor Jesucristo, de tal manera que cuando El pronuncia la palabra: **Perdónalos porque no saben lo que hacen…** está trabajando con la parte de tu mente la cual es el campo de batalla que escoge el enemigo para presionar en el pensamiento de los hombres para confundirlos y ponerles duda.

Recuerda que el peor ataque que el enemigo puede hacer, no es que la gente experimente alguna fatalidad física, aunque para la persona que lo padezca eso podría significar ese grado de ataque, quizá un accidente, un robo, una enfermedad terminal, etc., puede ser catalogado como lo peor; pero la realidad es que el enemigo tiene considerado como el peor ataque el que lanza a la mente y crear una especie de grietas para seguir penetrando sus influencias.

La Biblia dice claramente que el que aportilla su vallado, lo morderá la serpiente, el que haga brecha en el vallado, lo morderá la serpiente, por eso el enemigo lanza ataques a la mente, con el propósito de debilitar a la persona en su interior pero principalmente en su mente para poder sembrar la semilla que quiera y manipular a la persona hasta destruirla.

Pero gracias a Dios has comprendido que en la primera palabra pronunciada por Jesús en la cruz del calvario, hay victoria para ti y para todo el que crea en El, considerando que no hay palabra más grande para desarmar al adversario, que la palabra **"PERDÓN"** sobre cualquier acto de iniquidad que se haya cometido, siempre y cuando exista arrepentimiento y esperanza de perdón en Cristo Jesús, de esa manera es entonces como se puede restaurar la mente de una persona y que pueda tener entonces un cambio de mente para llegar al entendimiento espiritual que fuera de Dios nada puede ser posible.

La Habilitación del Paraíso

En la segunda palabra pudiste ver cómo es que uno de los hombres que estaban siendo condenados a muerte al lado del Señor Jesucristo, reconoce su condición pecaminosa y le son abiertos sus ojos para saber quién estaba en medio de ellos; ahí le habilitan el paraíso para que estuviera con el Señor ese mismo día.

Lo impresionante es que Jesús nunca antes había mencionado la palabra paraíso, tampoco lo vuelve a pronunciar; fue solamente esa vez con la intención de remontar a los creyentes, a uno de los eventos que se dieron en aquella atmósfera llamada el huerto del Edén, o sea el paraíso que Dios había puesto en la Tierra, pero el hombre perdió la oportunidad de estar ahí a consecuencia de su desobediencia a Dios. Ahí mismo El puso una sentencia y profetizó una guerra espiritual la cual consistía en que la serpiente sería enemiga de la mujer y que la simiente de la serpiente también sería enemiga de la simiente de la mujer.

Sin embargo la simiente de la mujer aplastaría la cabeza de la simiente de la serpiente; eso es una guerra espiritual que tuvo un desenlace, como hoy también se ha activado una guerra espiritual para que la simiente de Dios, tú, puedas salir victorioso al enfrentarte contra los gigantes al punto que la simiente de la serpiente, que en lo físico fueron los gigantes que sitiaron a Israel, en lo espiritual también sean vencidos en el nombre de Jesús.

Entonces las palabras de Jesús en la cruz del calvario tienen un peso de gloria aun en medio de Su sufrimiento, porque todo lo que padeció fue para que llegaras a ser más que vencedor; El sería azotado y muerto, pero por más que quisieron desviarlo, cumplió con el plan del Padre y se levantó del lago de fuego, la muerte no lo pudo retener porque es Dios y lo seguirá siendo, además lo que pronunció en la cruz fue poder espiritual a favor tuyo, no fue una serie de palabras que debieran repetirse religiosamente como lo hacen en algunos lugares.

Las palabras que dieron paso a una guerra espiritual sin precedentes, son para que te apropies de ellas y recuerdes que todo lo hizo por ti; en el libro del Profeta Isaías dice, hablando de Jesús; que como oveja, no abrió su boca delante de sus trasquiladores, de tal manera que cuando lo hizo, fue por 59 segundos, tiempo suficiente para derrotar al adversario pronunciando las 7 palabras más profundas y poderosas de guerra espiritual, contienen el peso de la victoria porque Jesús las dijo y en ese momento todo el cielo y las huestes de Dios, estuvieron dispuestas a respaldar el profundo significado que hasta hoy sigue vigente para que el cristiano o cristiana que desee más y más de Dios, las pueda aprender a usar en guerra espiritual para derrotar toda obra de las tinieblas.

Por eso puedes tener toda la seguridad que al pronunciarlas, no hay diablo que las resista por el derecho que el Señor Jesucristo te ha concedido desde el momento que las pronunció en ese campo de batalla que el enemigo no se imaginó la derrota que llevaría. Por eso estás autorizado por Dios para pronunciar esas palabras dichas por Jesús en la cruz, de tal manera que si hay un derecho para usarlas, lo tienes, no desaproveches la oportunidad para hacerlo.

Recuerda lo que ya enseñé respecto a lo descrito en el **Salmo 22**, la batalla que estaba librando Jesús; sin embargo, cuando ves el libro del Profeta Isaías, también tiene una aseveración respecto al sufrimiento que tuvo y aun en el Nuevo Testamento, dice claramente el Apóstol Pablo que cuando no se discierne correctamente el cuerpo del Señor, juicio se come y bebe para sí; por eso algunos se debilitan, otros caen enfermos y aun otros mueren, pero ¿cómo hacer entonces para discernir correctamente el cuerpo del Señor?, **Isaías 53** lo muestra así como el **Salmo 22** deja ver el efecto físico, como diciendo el punto de vista médico de lo que aconteció mientras Jesús estaba en la cruz.

Salmos 22:14 (LBA) Soy derramado como agua, y todos mis huesos están descoyuntados; mi corazón es como cera; se derrite en medio de mis entrañas.

Algunos estudiosos dicen que lo descrito en este versículo es la deficiencia cardíaca que Jesús estaba padeciendo.

Salmos 22:15 (LBA) Como un tiesto se ha secado mi vigor, y la lengua se me pega al paladar, y me has puesto en el polvo de la muerte.

Por si fuera poco la deficiencia cardíaca, también estaba experimentando una deshidratación, por eso la lengua se le pegaba al cielo de la boca, aunque antes de eso está señalando un paro respiratorio que estaba padeciendo. Entonces, si Jesús padeció todo lo que dice la Biblia, fue para hoy darte el derecho de libertad en pronunciar Sus palabras dichas en la cruz del calvario; esto sin contar el sufrimiento y sacrificio por seguir batallando porque cuando empezaba a asfixiarse, tuvo que apoyarse sobre sus pies y piernas para levantarse y continuar respirando.

Ese sacrificio por respirar lo llevó a respirar bióxido de carbono, eso significa que el Señor cubrió todas las áreas por las posibles situaciones que Su pueblo padecería en algún momento de su vida; El padeció para que tú no lo tuvieras que padecer y que al salir después de todo eso como vencedor, fueras acreditado como más que vencedor.

Salmos 22:17 (LBA) Puedo contar todos mis huesos. Ellos me miran, me observan...

Los romanos de aquel entonces eran expertos en crucificar, sabían dónde debían clavar el cuerpo para que se pudiera sostener al momento de levantar la cruz, entonces los clavos no fueron introducidos en medio de la palma de la mano como lo hacen ver en algunos lugares, sino en el pegue del antebrazo y la mano propiamente dicha, traspasando uno de los nervios y sus huesos aunque no se quebraron, se descoyuntaron para que El padeciera en Sus huesos como estructura, porque los huesos debían sufrir sin ser rotos, sino descoyuntados porque entonces a la declaración de guerra espiritual, seriamos respaldados a la palabra que dijéramos para poder romper estructuras espirituales demoníacas.

Esto fue así porque ningún demonio puede funcionar si se le ha destruido su estructura que conforma el mundo espiritual de las tinieblas, claro el reino de Dios también funciona a través de estructuras, pero el reino de las tinieblas es endeble porque no tiene solidez en lo que hace, aunque pretenden que sea sólido nunca lo lograrán, todo es en base a mentiras, engaños e imitaciones.

Cuando una estructura se destruye, se rompe o se quiebra; su operación no es eficaz, porque no tienen un sistema para que puedan continuar en contra de las personas; por eso Jesús no tuvo fracturas, para que tengas el derecho de romper estructuras en el reino de las tinieblas en el nombre de Jesús; un ejemplo lo puedes ver cuando el Apóstol Pablo dice:

Efesios 6:12 (R60) Porque no tenemos lucha contra sangre y carne, sino contra principados, contra potestades, contra los gobernadores de las tinieblas de este siglo, contra huestes espirituales de maldad en las regiones celestes.

Esto es una estructura, por eso el ataque primero debe ser contra una hueste porque sobre esa hueste hay una autoridad, luego un gobernador y después está un principado; esa es una estructura que debe destruirse de esa misma forma, debes empezar por destruir la huestes para debilitar su autoridad. Por eso Dios está llevándote paso a paso con el propósito que en el momento que estés frente a una guerra espiritual contra las tinieblas, les causes pérdidas y derrotas. Por eso debes ver en el **Salmo 22** una imagen intrínseca de la gran victoria que Dios conquistó por ti, con lo cual tienes todo el derecho de pronunciar las palabras que Jesús dijo estando en la cruz librando una guerra espiritual para ganarla a tu favor.

La Tercera Palabra

Finalmente llego al punto de la tercera palabra que dijo Jesús estando en la cruz del calvario, un lugar donde difícilmente alguien se atrevería a creer que hubo lugar para una guerra espiritual, sin embargo aquel que es experto en imposibles y quien tiene las mejores estrategias de guerra porque es varón de guerra **(Éxodo 15:3 RV60)**, estableció una guerra espiritual contra las tinieblas, dejando al adversario sin oportunidad de hacer algo; esta tercera palabra: **HE AHÍ...** fue dicha 3 veces en el Nuevo Testamento; 2 veces que quedaron descritas en la cita base que usé al inicio de este capítulo y 1 vez cuando dice:

Juan 1:29 (LBA) Al día siguiente vio a Jesús que venía hacia él, y dijo : **He ahí** el Cordero de Dios que quita el pecado del mundo.

Realmente, alguien que no esté en este fluir puede decir que esas fueron 7 palabras sin ningún significado ni profundidad alguna, sin embargo debes recordar que Jesús es sacerdote según el orden de Melquisedec, Jesús es el sumo sacerdote, por eso dentro de las 7 palabras El pronunció 2 que son propias del sumo sacerdote.

Según las costumbres, cuando se inaugura el oficio de un sumo sacerdote, después de haber pasado por el proceso de purificación, limpieza, consagración, santificación, ungimiento; cuando ya se había culminado con todo el proceso, el sacerdote antiguo entonces lo presentaba diciendo: **HE AHÍ EL NUEVO SACERDOTE...** si puedo decirlo de esta forma; en el manual sacerdotal de aquellos tiempos, estaba esa palabra debidamente registrada, por eso en la Biblia no la encuentras con ese énfasis, más que 3 veces en el Nuevo Testamento, pero es interesante que cuando Jesús la pronunció; los que estaban en aquel lugar en calidad de religiosos, sacerdotes corruptos;

entendieron la terminología que Jesús estaba usando, de tal manera que cuando El dijo **HE AHÍ...** automáticamente quedaron comprometidos a revelar quién estaba en la cruz, pero no lo hicieron.

Pero esa palabra, como ya la he dicho en repetidas ocasiones; es guerra espiritual por la cual la elección de tu vida a un nivel y oficio sacerdotal para ser efectivo y poderoso en la guerra espiritual, se activa porque Jesús dice entonces acerca de ti: **HE AHÍ UN NUEVO SACERDOTE...** con lo cual estarás rompiendo con muchas cosas de tu vida pasada que son factores que oprimen y atacan, bloquean y frustran la elección de tu vida; en ese rompimiento ni siquiera comprenderás por qué se quedó atrás, pero la realidad es que ante el nuevo sacerdote al que Dios te está elevando, sencillamente no hay lugar para tinieblas de ningún tipo.

Los elementos que en algún momento no permiten que tu vida entre en ese oficio y disfrutes de haber sido elegido por Dios, son destruidos por completo porque Sus planes para ti se ejecutarán divinamente contra lo cual no hay diablo que los pueda detener. Esa entonces es otra de las palabras poderosas, pero ¿por qué Dios te la tiene que decir en medio de una guerra espiritual? Porque una de las cosas que daña al ser humano a temprana edad y que es el mayor obstáculo en la elección de la vida de las personas, es un mal llamado, **el rechazo**.

Por el rechazo es la negación de **HE AHÍ…** pero esa palabra tiene el poder de Dios contra el cual no hay maldición, agüero, hechizo, etc., no hay quien lo pueda neutralizar; Dios puede neutralizar la operación del diablo, pero él no puede anular la palabra que Dios pronuncia. Cristo peleó la batalla espiritual a favor de aquellas personas que alguna vez han sido rechazadas y que se sienten rechazadas, de manera que a partir de hoy, si crees lo que estás aprendiendo, serás libre del rechazo y de todos los perfiles que el rechazo pueda tener porque el rechazo es multifacético, pero hoy se destruyen si permites que esa palabra quede en tu corazón diciendo Jesús: **HE AHÍ UN NUEVO SACERDOTE…**

Con eso estoy atacando en la esfera espiritual, potestades de las tinieblas porque tiemblan ante la verdad de Dios, porque es como un velo más que se te está quitando de los ojos y puedes ver la realidad de quién eres para Dios y el poder que eso confiere, es por eso que debes caminar en pos de Su verdad y apropiarte de lo que El ya decretó a tu vida porque aunque el enemigo pretenda sembrar una semilla de rechazo en tu corazón, Jesús en medio de una batalla espiritual ya te señaló como uno de Sus sacerdotes para que vayas en el nombre de Jesús y ejerzas lo que te corresponde.

¿Qué es el Rechazo?

En términos generales, **es la ausencia de un amor significativo que aprueba**; por eso es que cuando hay una aprobación, hubo una elección. El enemigo sabe que una de las formas para dañar a una persona es por medio de rechazo, a su vez esto lo que hace es poner un cerco para no sentir el amor que aprueba, aunado a eso lo que el enemigo hace es influenciar a personas que están en el nivel de dar esa aprobación, de tal manera que en lugar de brindar esa aprobación, hagan sentir a los demás un rechazo para dañarlos e impedirles el fluir que Dios tiene para ellos.

Cuando una persona está batallando con el rechazo, le pueden pasar muchas cosas negativas y complicarse su atmósfera de tal manera que llega a pensar que todo lo bueno que sucede puede ser para cualquiera menos para esa persona que tiene problemas de rechazo; es tal el problema que aun las cosas físicas que lo rodean pueden rechazarlo y expulsarlo.

Testimonio

En algún momento de nuestra vida ministerial junto a mi esposa, tuve la oportunidad de ministrar a una mujer cristiana con problemas de rechazo.

Compró una casa para vivir tranquila, la casa de sus sueños, la amuebló, adornó, etc., de pronto, pasados los días, la casa empieza con hongos en las paredes. Contrata a una persona para que pueda aplicar lo que sea necesario en pos de restaurar las paredes, pensando que eso era producto de la humedad por una fuga de agua o por cualquier otra razón lógica. Sin embargo, cuando no encuentra la causa, el experto en ese tipo de problemas la restauró, pero a los 3 meses nuevamente regresó el problema porque la casa misma estaba rechazando a la persona que la compró.

También vivió situaciones que de pronto había un círculo de amigos y cuando se acercaba, por alguna extraña razón que nadie comprende, se disolvía el grupo. Aquella mujer todos la rechazaban; pero todo se debió al espíritu de rechazo que había dentro de ella el cual empezó a estorbarla desde los primeros de días de su existencia, debido a un intento de aborto que su mamá estaba pensando, porque la forma de gestación de ella, no había sido en el orden de Dios; era producto del pecado de sexo ilícito, entonces su mamá tratando de solucionar el problema, quiso abortarla pero Dios no lo permitió, pero eso abrió una puerta para que entrara el espíritu de rechazo.

Esta misma persona tuvo 6 esposos, se casó felizmente con cada uno de ellos, pero al poco tiempo se morían debido a la influencia de ese espíritu de rechazo. Todo eso tuvo lugar hasta que llegó la palabra: **HE AHÍ...** ella finalmente fue liberada de esa situación y tener una vida normal pero hubo una ministración de su alma donde tuvo que creer totalmente y ante la luz de Jesús, aquel espíritu de rechazo tuvo que huir.

El espíritu de rechazo y El espíritu de víctima

Ahora bien, cuando el rechazo se convierte en algo no tratable, aquella persona empieza a padecer de un espíritu de víctima en su corazón y mente; esto tiene lugar porque el rechazo provoca una inseguridad profunda en el carácter de aquella persona, de tal manera que eso es lo que provoca; mentalidad de víctima lo cual empieza a desencadenar otra situación para darle paso al espíritu de orfandad.

El espíritu de orfandad

Esta es una de las potestades que causa grandes problemas en la vida del creyente. La Biblia describe lo que la orfandad provoca, este espíritu viene del rechazo.

Proverbios 23:10 (LBA) No muevas el lindero antiguo, ni entres en la heredad de los huérfanos...

La persona que experimenta un espíritu de orfandad tiene 2 caminos:

1. **La rebelión en su vida**, significa que el espíritu de rechazo y el espíritu de víctima, crea en la persona un mecanismo de defensa, es un falso mecanismo de defensa que lo hace vivir en rebelión, eso significa que no reconoce a nadie con autoridad porque es como si hubiera creado un dios dentro de sí mismo y que nadie lo puede aconsejar, dirigir, sugerir, no acepta la autoridad de ninguno en ningún lugar porque el espíritu de orfandad lo introdujo en la heredad de los huérfanos, de manera que uno de los linderos de la heredad de los huérfanos es el camino de la rebelión.

2. **El otro camino es la religiosidad**, eso significa que está en riesgo de espiritualizar todas las cosas. Entonces son 2 caminos sumamente peligrosos, pero lo crítico de la orfandad es que no se puede expulsar porque está basando en las malas creencias que se formaron durante su vida empezando desde los primeros días de su vida formando falsas creencias; lo que se puede hacer es reemplazarlo con una revelación del amor del Padre hacia esa persona.

Con eso puedes hacer comprender entonces lo que Jesús dijo: **HE AHÍ...** con eso llega la revelación del amor del Padre a la vida de aquella persona con problemas de rechazo, de víctima y orfandad; a partir de ese momento podrás empezar a sentir el amor de Dios, empezarás a sentirte amado por Dios; eso es lo que sucede entonces en la mesa del Señor Jesucristo en la celebración de la Santa Cena, esto es lo que trae el poder de la sangre derramada en la cruz del calvario.

Juan 14:18 (LBA) No os dejaré huérfanos; vendré a vosotros.

Juan 14:23 (LBA) Jesús respondió, y le dijo: Si alguno me ama, guardará mi palabra; y mi Padre lo amará, y vendremos a él, y haremos con él morada.

Nada puede destruir la orfandad si no es por la revelación del amor de Dios, el cual a su vez destruye el rechazo. Cuando logres discernir el rechazo que puede estar viviendo una persona, bríndale un abrazo con amor porque incluso eso puede romper la atadura de muchos años en una persona porque el amor expresado con toda sinceridad es otra de las armas de guerra que Dios ha dejado para que la puedas usar con efectividad.

El espíritu de víctima

En guerra espiritual es bastante complicado poder distinguir cuando una persona está bajo el poder demoníaco o está en una actitud humana; es decir, cuando me refiero al espíritu de víctima, me refiero, en parte a la mentalidad de víctima, y en parte a un demonio de victimización. Una persona puede estar batallando con una mentalidad de víctima a lo cual le llamo espíritu de víctima también.

Una persona puede estar batallando también bajo el poder de un demonio de victimización a lo cual también le llamo espíritu de víctima; de manera que en guerra espiritual el problema en algún momento es el lenguaje al que me voy a referir, sea demonio o patrón metal de víctima, pero sin importar lo que pueda ser, ambas tienen que ser removidas porque antes de ser demonio de victimización, se requiere que haya una mentalidad de víctima, de tal manera que esa mentalidad es la que le abre la puerta al demonio de victimización, ahí es donde está el conflicto.

El espíritu de orfandad y El espíritu de víctima

Estos espíritus inician en la mente de una persona con las 3 trampas mentales que habitualmente sufre la mentalidad de víctima:

1. **La forma de cómo define la persona lo que considera normal**; esto es un panorama totalmente anormal para los demás porque quien tiene este tipo de problemas acomoda su mentalidad al estado en que desea ver las cosas; dicho en otras palabras, las cosas incorrectas las llama correctas, por ejemplo:

Una persona que es abusada por su esposo, el espíritu de víctima la convence para que piense y crea que ella se merece el maltrato; incluso puede llegar a pensar que su esposo le hizo un favor al casarse con ella; con eso puedes ver que esa persona está definiendo lo anormal como una situación normal pero es solamente un punto de vista de víctima porque el rechazo se presentó primero antes que el amor y está batallando en buscar que otros le acepten; ese es su afán diario.

Cuando hace algo al ojo humano, espera ser aprobada para sentirse bien; es lo mismo que hace un predicador con baja estima, cuando termina de predicar se acerca a un amigo o alguien que es de su confianza para preguntarle cómo le fue, cómo le pareció su predicación porque está batallando con esa inseguridad; no está consciente de lo que Dios le ha dado, porque se siente rechazado, consecuentemente tiene una meta la cual no alcanzará nunca porque Dios tiene diferentes unciones para Sus siervos, de tal manera que unos necesitan de otros para hacer sinergia en la obra de Dios.

Por eso dice la Biblia que los dones y el llamamiento son irrevocables porque lo que Dios te haya dado, es la especialidad que acompaña a la elección que Dios te dio; eso es precisamente a lo que le tiembla Satanás, el hace todo su esfuerzo para que no descubras a qué viniste a la Tierra, para que no se active el plan divino en ti respecto a la obra de Dios.

Por eso debes tener algo en lo que eres más fuerte que otros y otros son más fuertes en algo de lo cual tú no lo eres; por eso el adversario busca poner un rechazo en la persona, con el propósito que empiece a carcomer, destruir, hacerlo menguar y que nunca puedas iniciar el potencial en tu vida; pero un día llega el **HE AHÍ…** de Dios y destruye todo argumento contrario que el enemigo haya levantado en contra tuya.

2. **Otra forma es el proyecto del dolor de la persona.** Eso significa que el patrón del espíritu de víctima, habitualmente asume lo peor para su vida, desde el presente considera el futuro que será lo peor que puede venir a su vida, nunca tiene un

panorama de esperanza, todo su mañana es que lo peor que le espera y que sufrirá sea cual sea la decisión que tome en determinadas situaciones, sea esto un matrimonio, un negocio, etc., desde el presente por el pasado, está proyectando el dolor del futuro.

Esto es muy lamentable porque olvidan lo que dice Dios en Su palabra:

Jeremías 29:11 (LBA) "Porque yo sé los planes que tengo para vosotros" -- declara el SEÑOR -- "planes de bienestar y no de calamidad, para daros un futuro y una esperanza.

Lamentablemente la mentalidad de víctima pone un cerco en la mente de la gente para creer que cualquier otra persona puede esperar cosas buenas, menos él o ella.

3. **La mentalidad de la persona, versus el demonio de victimización.** Esto tiene lugar cuando la persona no ha captado aun esa mentalidad de víctima por causa de la mentalidad y los patrones de víctima; no puede notar que está atrayendo al demonio de victimización, eso significa que una persona puede ser como un faro de luz en el océano y que está constantemente prendiendo y apagando su luz en forma

intermitente porque está dando una señal; así es la mentalidad de víctima.

En el mundo de los espíritus existen potestades de género llamados depredadores, que realmente no tienen una especialidad, ni naturaleza; cuando son depredadores están atentos a la mentalidad de una víctima, esa mentalidad les está avisando cómo es que ellos piensan, es entonces cuando el depredador se transforma en lo que quiere hacer para que la persona se proyecte con dolor. Si la persona está proyectando en su presente el dolor del futuro, el depredador hace cualquier cosa para provocar más dolor porque por la misma razón que es depredador, no tiene una especialidad, entonces hace cualquier cosa.

Entonces una persona con mentalidad de víctima es tomada por un demonio de victimización, lo que termina haciendo es causar lástima a otros, pero esto también se debe romper en el nombre de Jesús por medio de **HE AHÍ…** señalando la vida de aquella persona que sufrió de rechazo, estuvo con mentalidad de víctima y de orfandad, pero cuando Dios la señala para decirle que tiene un plan que debe cumplir estando en la Tierra, se rompe toda maldición y entonces se alcanza la identidad de cristiano con la que debe trabajar para Dios, eso viene a cambiar la vida de cualquiera que ha estado esperando en Dios un cambio radical, porque solamente El tiene el poder para hacerlo.

Un ejemplo de esto último lo puedo ver con la vida de María, la mujer que Dios usó para ser la madre de Jesús; antes que iniciara el plan divino de Dios en ella; tenía proyectado lo que haría con su vida, se había preparado para casarse con un buen hombre, pero de pronto llega el Ángel Gabriel con un mensaje de Dios y la vida de aquella mujer le cambió radicalmente. Por eso, si crees a la palabra de Dios y si estás dispuesto o dispuesta a obedecer la voz de Dios; escucharás de parte de Dios: **HE AHÍ...** en medio de una guerra espiritual que inició cuando Jesús fue crucificado.

Los estados de víctima

La injusticia:

Uno de los estados que provoca el espíritu de víctima, es cómo la persona conceptualiza la injusticia, eso significa que alguien batallando con ese espíritu, siempre está creyendo que el trato que recibe, sin importar de quién venga; es injusto aun sin importar lo que esté recibiendo; si recibe mucho, es injusto; si recibe poco, es injusto; si recibe, es injusto; si no recibe, es injusto; dicho en otras palabras, aquella persona que tiene en su mentalidad que todo es injusto, está manifestando que tiene un espíritu de víctima.

La destrucción:

El siguiente es la destrucción, la persona con espíritu de víctima, siempre está experimentando cosas extrañas, por ejemplo: experimenta accidentes de todo tipo, padece cualquier cosa con el sello de destrucción, lo único que dice es: no es culpa mía, sencillamente sucedió... yo no lo busqué, solamente sucedió... el estado de devorador que vive esa persona, significa que es víctima de constantes pérdidas, de robos, constantemente está invirtiendo en reparar cualquier cosa que tenga porque todo se le descompone a causa del devorador que lo tiene permanentemente.

Vive acosado o acosada por todo sin que nadie pueda salir en su defensa, lo lleva a salirse de un trabajo porque ahí hay alguien que lo vive acosando sexualmente. Todo eso es como un imán en las personas con espíritu de víctima.

Testimonio

Hace algún tiempo tuvimos con mi esposa que ministrar y liberar a una hermana en Cristo; ella se casó y resulta que su esposo la golpeaba, llegaba a la Iglesia con lentes obscuros aunque fuera de noche porque quería ocultar los golpes en la cara, vivía golpeada, rasguñada, con rasgos de maltrato, de abuso, etc. Finalmente Dios actuó sobrenaturalmente y su esposo murió de cáncer.

Después de esa pérdida, ella empieza a crecer espiritualmente, pero quería otra oportunidad porque decía que no había experimentado una buena vida matrimonial. De pronto conoce un hombre con buena apariencia en todos los aspectos; finalmente se casaron. Tristemente a las 2 semanas empieza a suceder exactamente lo mismo que había padecido con su anterior esposo; empezó otra vez con los mismos golpes.

Ella empieza nuevamente a ministrarse pero parecía que era una copia exacta de lo que ya había vivido; llegó el momento en que ella creía que tenía un rótulo en la cara pidiendo que llegaran a golpearla. En ese momento el Espíritu Santo me habló respecto a los depredadores porque cuando una persona se mantiene en una situación de esa naturaleza y no busca ayuda, deja que la mentalidad de víctima empiece a crear patrones y sin notarlo, se convierte en un demonio de victimización, de tal manera que a donde vaya, llevará como una luz de alerta llamando espíritus que están es la atmósfera esperando que alguien les crea sus mentiras, para poder penetrar a la dimensión de la Tierra y entonces provocar estragos.

Se convierten en receptores en la vida de muchos y solamente se pueden anular cuando Dios les dice: **HE AHÍ...** porque fue ahí donde se inició la guerra espiritual a su favor y donde Dios dejó señalado que un día los llamaría para ser parte de Sus sacerdotes.

Espíritus depredadores

Los depredadores provocan escenarios en el reino de las tinieblas, pueden juntar 2 personas que estén a cierta distancia para crear el escenario para que aquellos que tienen un receptor de una señal específica de otro espíritu, concuerden en una violación, tanto el violador como el violado llegan al mismo lugar y hora, sin comprender cómo, porque es algo que se ha movido espiritualmente por los depredadores; porque recuerda que ya dije que ellos actúan de muchas formas, no tienen nada específico, por eso pueden manifestarse de diferentes maneras.

Muchas veces lo que sucede entonces es que la violación es la repetición de otra generación, es una herencia ancestral que solamente necesitaba un receptor para el emisor de violación. Los casos típicos cuando he ministrado niños que han sido violados, he tenido que indagar con los padres y abuelos si ellos sufrieron lo mismo; lo típico en un 90%, la mamá ha sido violada o el papá haya sido un violador; peor aun, ellos también recibieron la misma herencia, pero el punto es que eso seguirá hasta que alguien lo quite; cuando Dios dice: **HE AHÍ...** se destruye toda potestad de las tinieblas y sin importar el pasado que haya vivido, la persona se levantará contra todo pronóstico de acusación, de rechazo, víctima y orfandad porque para Dios no hay imposibles, El dice y eso se hace.

Por eso es necesario que llegues al punto de poder comprender tu elección, debes saber que Dios te protegerá a donde quiera que te envíe y no debes sentirte rechazado, víctima o huérfano porque escrito está:

Salmos 27:10 (LBA) Porque *aunque* mi padre y mi madre me hayan abandonado, el SEÑOR me recogerá.

En la elección, a la mujer viuda le dice Dios que el es su marido, a los huérfanos les dice que El es su padre, dándote con eso la revelación de Su amor. Por eso es importante reemplazar la orfandad con la revelación del amor del Padre, pero también con el reconocimiento de las paternidades; sumamente importante que reconozcas la paternidad espiritual que Dios te ha enviado en Sus ministros, porque ahí es donde se está destruyendo la orfandad y eligiendo una persona para que se cumpla el propósito que Dios ya escogió para cada uno.

2 Juan 1:1 (R60) El anciano a la señora elegida y a sus hijos, a quienes yo amo en la verdad; y no sólo yo, sino también todos los que han conocido la verdad…

Aunque los años hayan pasado, Dios te sigue viendo como Su elegido; quizá en unos años te abandonará el vigor que hoy puedas tener, la dinámica, no estarás tan joven como hoy; seguirás siendo el elegido porque Su palabra dicha en la cruz del calvario: **HE AHÍ…** sigue vigente, la palabra de Dios es eterna.

Daniel 5:13-15 (R60) Entonces Daniel fue traído delante del rey. Y dijo el rey a Daniel: ¿Eres tú aquel Daniel de los hijos de la cautividad de Judá, que mi padre trajo de Judea? [14] Yo he oído de ti que el espíritu de los dioses santos está en ti, y que en ti se halló luz, entendimiento y mayor sabiduría. [15] Y ahora fueron traídos delante de mí sabios y astrólogos para que leyesen esta escritura y me diesen su interpretación; pero no han podido mostrarme la interpretación del asunto.

Los años habían pasado, pero Daniel seguía siendo el elegido de Dios. Esto funciona así porque como el rechazo llega a una persona y nadie lo puede quitar sino que sigue siendo el rechazado hasta que Dios quita ese problema, entonces dice **HE AHÍ…** y su situación cambia, pero es Dios el que lo cambia, de lo contrario aquello sigue en la misma situación; pero si la persona busca de Dios porque sabe que solamente El puede cambiarlo, entonces el espíritu de víctima no encuentra un receptor de rechazo para anidar en el alma de aquella persona.

Ser elegido por Dios es un gran privilegio, pero llegar a comprenderlo y vivir de esa forma, es más grande aun el privilegio porque entonces caminas y tienes un estilo de vida de acuerdo a lo que fuiste escogido. Recuerda que no necesitas hacerte la víctima para caerle bien a Dios, sencillamente por Su amor te elige y no necesitas más; te escogió por amor y no por lástima, no busca lo perfecto sino lo que ha sido desechado para llevarlo de perfección en perfección.

Por eso es necesario que creas a la palabra de Dios y saber que Su sangre tiene el poder suficiente para activar tus sentidos espirituales y al escuchar el **HE AHÍ...** del cielo, se te está ubicando en el lugar que te corresponde y por el cual fuiste creado. Hay muchas más cosas de los beneficios a la mesa del Señor, porque al final, esto es sumamente profundo de explicar pero todo se resume en que te acerques a Su mesa y participes en memoria del Señor Jesucristo.

La Guerra Espiritual Codificada En:

Las Últimas Palabras Desde La Cruz

Capítulo 4

El poder de Dios es incomparable, si alguien en algún momento llega a pensar que recibió un milagro pequeño de parte de Dios; debe considerar que nada de lo que El hace es pequeño y que Su poder es inigualable, nadie tiene el poder para hacer las cosas que el Señor ha hecho por tu vida y por la mía, El actúa en el momento y lugar preciso para que tus bendiciones sean perdurables a tu vida.

Por eso debes considerar que las 7 palabras que Jesús pronunció en la cruz del calvario, son los decretos más profundos y gloriosos que El hizo a favor tuyo, las cuales rompen cualquier operación que el enemigo haya confabulado en contra tuya y de tu familia y que al participar de la mesa del Señor en cada Santa Cena, El dijo que lo hicieras en memoria Suya, lo cual involucra esta poderosa guerra espiritual ganada a tu favor.

Quiero traer a tu memoria que las últimas 7 palabras de Jesús estando en la cruz del calvario, están íntimamente relacionadas con 7 victorias sobre 7 grandes esferas espirituales; es lo que he estado enseñando en los capítulos anteriores, de tal manera que, como ya lo mencioné, Su poder siendo inigualable, traerá una revelación como nunca antes, con el propósito que logres comprender el poder de todas aquellas palabras pronunciadas estando en la cruz del calvario para hacerte más que vencedor en Cristo Jesús.

El Apóstol Pablo, sin haber estado con los 12 apóstoles del Cordero, tuvo una revelación tan poderosa que entonces dice:

1 Corintios 1:18 (LBA) Porque la palabra de la cruz es necedad para los que se pierden, pero para nosotros los salvos es poder de Dios.

Esto es una revelación para los salvos; pero también es impresionante ver la revelación que el Apóstol Pablo recibe del Señor acerca de la Santa Cena:

1 Corintios 11:23-25 (LBA) Porque yo recibí del Señor lo mismo que os he enseñado: que el Señor Jesús, la noche en que fue entregado, tomó pan, [24]
y después de dar gracias, *lo* partió y dijo: Esto es mi cuerpo que es para vosotros; haced esto en memoria de mí. [25] De la misma manera *tomó* también la copa después de haber cenado, diciendo: Esta copa es el nuevo pacto en mi

sangre; haced esto cuantas veces *la* bebáis en memoria de mí.

Esto tuvo que ser una revelación, más aun, Su cuerpo sacrificado y Su sangre derramada en la cruz, estaban siendo partidos en aquel momento cuando estuvo con Sus discípulos; insisto, partió el pan y pasó la copa desde antes que El estuviera en la cruz; eso es parte de la revelación que Dios te está entregando para comprender el poder y victoria que encuentras cada vez que te acercas a Su mesa, porque intrínsecamente está el poder de las 7 palabras dichas por Jesús cuando libró aquella guerra espiritual.

Cuando haces un recorrido en la Biblia, puedes observar cómo es que Dios mismo enfatizó, hablando acerca de la guerra constante que sostiene contra 7 cosas, por ejemplo:

Deuteronomio 7:1 (LBA) Cuando el SEÑOR tu Dios te haya introducido en la tierra donde vas a entrar para poseerla y haya echado de delante de ti a muchas naciones: los heteos, los gergeseos, los amorreos, los cananeos, los ferezeos, los heveos y los jebuseos, siete naciones más grandes y más poderosas que tú…

Estas 7 naciones, representan los 7 enemigos que se oponen a la conquista de aquel hijo de Dios que ha recibido grandes promesas; porque así como le entregó aquella tierra a Israel donde abundaba leche y miel, igualmente te ha prometido muchas cosas espirituales que repercuten aun en lo material, pero también habrá oposición de parte del enemigo, habrá adversidades oponiéndose a que no alcances tus promesas, la herencia de parte de Dios. Digo esto porque si Dios es varón de guerra, es porque tiene guerras que libra constantemente y si eres Su hijo, debes equiparte adecuadamente con el propósito de ser como El, un guerrero diestro en guerra espiritual, pero lo que deseo que notes es el hecho que el número 7 se puede ver a lo largo de muchos eventos de guerra espiritual:

Lucas 8:2 (LBA) …y *también* algunas mujeres que habían sido sanadas de espíritus malos y de enfermedades: María, llamada Magdalena, de la que habían salido siete demonios…

Esto en figura habla de las 7 batallas más frecuentes que sufre la mayoría de las mujeres; Jesús mencionó 7 palabras porque son 7 cosas con las que Dios tiene constante guerra; pero refiriéndome a las batallas de la mujer, debes saber que una de las batallas con las que una mujer más sufre es con la depresión.

Esto es más en la mujer que en el hombre, porque la mujer tiene un diseño especial emocionalmente hablando, por eso el enemigo se proyecta contra ella en ese diseño. La amargura es otra de las batallas que la mujer sufre, abuso de toda clase, los temores, la manipulación, los complejos, etc.

Cuando llegas al libro de Apocalipsis, puedes ver que hay un dragón de 7 cabezas, pero es interesante que esa potestad lleva en cada cabeza un poder o estrategia contra los ministros primarios de Dios, proyectándose por medio de estas potestades:

1. Azazel
2. Belcebú
3. Leviatán
4. Mammón
5. Belial
6. El anticristo
7. Apolión

Cada una de esas potestades son las batallas que un ministro enfrenta en algún momento porque Dios tiene guerra contra ellos también. Por otro lado también puedes ver lo siguiente:

Lucas 11:24-26 (LBA) Cuando el espíritu inmundo sale del hombre, pasa por lugares áridos buscando descanso; y al no hallarlo, dice: "Volveré a mi casa de donde salí." 25 Y cuando llega, la encuentra barrida y arreglada. 26 Entonces va y toma consigo otros siete espíritus peores que él, y entrando, moran allí; y el estado final de aquel hombre resulta peor que el primero.

Estos 7 espíritus peores operan como anti-espíritus contra los espíritus que Dios tiene, aunque realmente todos los espíritus que El usa son para bendición de tu vida, sin embargo hay 7 espíritus que ocupan un rango más alto:

Isaías 11:2 (LBA) Y reposará sobre Él el Espíritu del SEÑOR, espíritu de sabiduría y de inteligencia, espíritu de consejo y de poder, espíritu de conocimiento y de temor del SEÑOR.

Estos son 7 espíritus que estuvieron en Cristo los cuales hoy están a tu alcance, pero entonces lo que debes ver es cómo puede operar un anti-espíritu de los que Dios tiene en este versículo, por ejemplo, si alguien está batallando con la inteligencia porque no logra comprender las cosas, es porque hay un espíritu que está operando en antítesis al espíritu de inteligencia de parte de Dios, razón por la cual están de constante batalla contra Dios.

Pero, ¿por qué menciono todo esto?, porque llegar a entender el poder y la profundidad que puedan tener las 7 palabras en la cruz, significa alcanzar totalmente la libertad y restauración en todas aquellas áreas que debido a que una potestad realizara en contra tuya para afectarte; hoy puedes ser libre en el nombre de Jesús si crees a Su palabra. Por eso fue que Dios dijo esas 7 palabras en la cruz y no fueron 6 o 5, incluso pudo haber dicho 1 sola palabra, sin embargo, como ya mencioné en varias oportunidades, El tiene batalla contra 7 cosas porque es la antítesis de la plenitud; las 7 batallas que ejerce el mundo espiritual contra el pueblo de Dios, es para que no alcances la plenitud, pero cuando Jesús concluye con la séptima palabra, fue el momento cuando entregó Su Espíritu al Padre y con lo cual se estaba llegando al nivel más glorioso que puedes alcanzar por medio de la revelación de las palabras que El pronunció en la cruz.

La Cuarta Palabra

Mateo 27:46 (LBA) Y alrededor de la hora novena, Jesús exclamó a gran voz, diciendo: **ELÍ, ELÍ, ¿LEMÁ SABACTANI?** Esto es: DIOS MÍO, DIOS MÍO, **¿POR QUÉ ME HAS ABANDONADO?**

Esta palabra la pronunció el Señor alrededor de las 3:00 pm, lo interesante de esto, entre muchas otras cosas, es lo siguiente:

Salmos 22:1 (LBA) Dios mío, Dios mío, **¿por qué me has abandonado?** *¿Por qué estás tan* lejos de mi salvación *y* de las palabras de mi clamor?

David tuvo la revelación de esa cuarta palabra, pero quizá lo más impactante es el hecho que

Jesús, siendo Dios mismo en la persona del Hijo, le pregunta al Padre por qué lo había abandonado.

Realmente, cuando haces el recuento de la misericordia de Dios, de Sus bondades hacia tu persona y la mía, que siendo lo que fuimos y sin merecernos Su favor, nos alcanzó para bendecirnos y hoy te tiene a ti en un lugar de bendición; ¿te parece lógico el hecho que el Padre abandonara al Hijo, quien nunca pecó ni pecará jamás? Lo que Jesús estaba viviendo en aquel momento, nunca antes lo había vivido; fue un momento tan sublime que jamás habría otra oportunidad para la humanidad como aquel día; por eso 1 de los hombres que estaban con El, alcanzó la revelación de la profundidad del poder de Dios y vio quién estaba en medio de ellos.

Ese momento, como ya lo dije, no se volvería a repetir; es más, diré algo con temor a Dios, pero en realidad la misma Biblia deja ver esta situación, y es que Dios siendo uno, según lo dice **Juan 10:30**, así como también **Deuteronomio 6:4**; en aquella hora en la cruz, una de las 3 personas divinas, tomó tu lugar, es como si se hubiera separado de esa tri-unidad, es entonces cuando dice: **¿POR QUÉ ME HAS ABANDONADO?**, creo que esta situación puede ser revelada por el Espíritu Santo y comprendida por tu espíritu, de otra manera no habrá forma, menos aun si se batalla con la teología aprendida en algún momento.

Mucho se ha hablado de la creación, del momento en que todo inicio; pero antes de toda la creación, antes de la creación de los espíritus; antes de todo eso, Dios lo ocupaba todo, no había lugar para nadie ni nada, El era todo, hasta que decide empezar a crear y surgen entonces los espíritus en rangos, géneros, naturaleza, oficio, etc., hasta después vino lo físico. ¿Cómo entender entonces que Dios es uno y que Jesús siendo Dios se sentía abandonado?, ¿cómo entender en Génesis cuando dice: no es bueno que el hombre esté solo?, Dios comprende muy bien esa situación.

Cuando Jesús se siente solo es cuando está pagando el más alto precio de Su sacrificio, porque aquella palabra que pronunció, tiene el significado de estar separado de Dios; por eso puedo decir entonces que Dios entiende muy bien el momento cuando te sientes abandonado, cuando sientes que todos te han dado la espalda, aun separado de Dios; lo comprende porque El lo vivió. Según las escrituras, cuando el Señor pronunció aquella palabra, estaba experimentando la palabra **AGONIA**; la cual se utiliza tanto en el idioma griego como en español, es la misma; lo que significa es: **una severa lucha mental y una severa lucha emocional**; en términos de guerra espiritual significa, **una lucha encarnizada**.

Puedo decir entonces que cuando llegan los ataques más fuertes a tu vida, es cuando pareciera que todo se te ha cerrado y que no hay salida a tus problemas; eso sucede porque quien está detrás de la agonía es un espíritu que intenta hacer que la persona se sienta abandonada y con puertas cerradas, porque a Satanás le es más fácil presentarle a una persona en agonía, opciones en la vida que solamente son temporales, nunca dará salida específica porque eso solamente puede ser cuando Jesús te da la puerta abierta para que salgas del problema, pero para eso, El tuvo que sentirse abandonado para sustituirte a ti en esos momentos difíciles.

Obviamente que al referirme a momentos de soledad, no hablo del momento cuando todos salieron de tu casa para salir a trabajar o dirigirse a la escuela, etc., me refiero al momento cuando tus amigos, familiares, compañeros de estudios o de trabajo no quieren saber de ti, cuando sufriste una traición por cualquier persona, aun cuando has padecido de un divorcio y te sientes como en una isla donde nadie te quiere escuchar; el Señor te sustituyó de ese momento para poderte decir:

Yo Soy Dios y tuve que separarme de mi mismo para decirte que te entiendo cuando te sientes abandonado.

Me atrevería a decir que no existe nadie en el mundo que pueda decir que no se ha sentido abandonado en algún momento de su vida.

Lamentablemente y por cultura, se utiliza el abandono como una forma de castigo o disciplina, supuestamente para rehabilitar a una persona que cometió una falta, sea cual sea; supuestamente lo hacen para que la persona tenga un tiempo de reflexión, sin embargo en la soledad hay un ataque más fuerte, es uno de los estados más terribles, por eso dice la Biblia que no es bueno que el hombre esté solo, porque cuando eso sucede, hay un espíritu de abandono el cual Jesús lo enfrentó en guerra espiritual para que hoy no le creas al enemigo cuando te diga que estás solo.

Hoy es el tiempo para que estés bien sabido que nunca más estarás abandonado porque el Señor está contigo, El tuvo una presión como nunca la has experimentado, con el propósito que nunca lo padezcas, para que no le cedas oportunidad al enemigo. Recuerda que Jesús mientras estuvo en la cruz, fue rodeado y cercado por los toros de Basán como lo dice el **Salmo 22:12**, pero obviamente que esto fue la guerra espiritual que estaba padeciendo en aquel momento:

Salmos 22:12 (LBA) Muchos toros me han rodeado; *toros* fuertes de Basán me han cercado.

Lo interesante que puedo ver en esto es que según el Diccionario Strong, para referirse a que eran toros fuertes; se utiliza una palabra hebrea que se pronuncia **ABBIYR**, la cual significa, **ángel poderoso, una potestad robusta, un espíritu y principado de las tinieblas muy fuerte** que tenían rodeado al Señor. Otro de los puntos que debes considerar es que, en los días de Moisés, Basán fue la región habitada por una de las razas más poderosas de gigantes; dicho en otras palabras, Jesús no estaba hablando de los toros que se criaban en las montañas de aquel lugar; Basán era territorio de gigantes y su rey era llamado Og según lo describe Deuteronomio 3:1 y 11; a eso se refería el Señor cuando habló de los toros de Basán.

Por eso debes ser celoso con la vida que Dios te está permitiendo vivir y no darle espacio al enemigo para estarte atormentando con soledad ni esclavitud de ninguna clase porque el Señor pagó una sola vez y para siempre, no hay nada que revoque el sacrificio de Jesús en la cruz, las 7 palabras que El pronunció fueron con poder soberano de Dios para derrotar todo argumento de las tinieblas que haya pretendido tener contra ti.

En ese momento se derrotó lo que se confabula en la cuarta atmósfera donde se proyectan planes para que el pueblo de Dios, Su Iglesia, se sienta solo y abandonado y que al no encontrar respuesta, busque la forma de quitarse la vida o haga lo peor, porque no encuentra sentido a su vida, pero la realidad es que Jesús peleó aquella batalla para darte libertad, para darte una razón de vivir por Su amor en ti.

Cuando una persona se siente sola y abandonada y no tiene la revelación de esta palabra poderosa donde Jesús dijo: **¿POR QUÉ ME HAS ABANDONADO?**, esa persona tiene un gran problema y uno de los peligros que puede enfrentar es llegar a abortar la semilla santa, porque la soledad es una esfera terrible que puede terminar con la vida de aquel que no sabe todo lo que Dios ya pagó por él o por ella.

El Apóstol Pablo, sin haber visto nunca a Jesús, tuvo la revelación de la cruz, tuvo el entendimiento de esta cuarta palabra, al punto que sin importar lo que padeció, dio marcha atrás al acomodamiento que la sociedad le había brindado; lo hizo porque tenía la convicción que no estaba solo, porque la soledad ya la había vivido Jesús cuando dejó por un momento la tri-unidad y ocupar así tu lugar y el mío en esa cruz; por eso dijo:

Romanos 8:35-39 (LBA) ¿Quién nos separará del amor de Cristo? ¿Tribulación, o angustia, o persecución, o hambre, o desnudez, o peligro, o espada? 36 Tal como está escrito: POR CAUSA TUYA SOMOS PUESTOS A MUERTE TODO

EL DÍA; SOMOS CONSIDERADOS COMO
OVEJAS PARA EL MATADERO. [37] Pero en
todas estas cosas somos más que vencedores por
medio de aquel que nos amó. [38] Porque estoy
convencido de que ni la muerte, ni la vida, ni
ángeles, ni principados, ni lo presente, ni lo por
venir, ni los poderes, [39] ni lo alto, ni lo profundo, ni
ninguna otra cosa creada nos podrá separar del
amor de Dios que es en Cristo Jesús Señor nuestro.

Si alguien cree que se ha terminado su razón de vivir en esta Tierra, hoy a través de esta lectura en el nombre de Jesús recibirá la revelación de su existencia y por lo cual vino a vivir en este tiempo; debe recordar que es propiedad privada y exclusiva del Señor Jesucristo para ser feliz, por consiguiente para recibir la libertad que Jesús pagó con Su sacrificio y apropiarse de Sus 7 palabras claves de guerra espiritual con las cuales brindó victoria a todo aquel que crea en El.

Cuando te sientas solo o sola, recuerda **Romanos 8:35-39**, desechando toda idea de muerte que se destruirá por el amor de Dios en ti. El Apóstol Pablo menciona 17 cosas que cuestiona si son el motivo por el cual serás separado del amor de Dios; lo interesante con esto es que a la sumatoria de los número del 1 hasta el 17, obtienes como resultado **el número 153**, el cual a su vez es el **valor numérico de la palabra: ERES MI HIJO**, por eso, si has estado en tribulación, debes saber que no es para separarte del amor del Señor, además Su espada de doble fijo está a favor tuyo.

Por eso debes pedirle a Dios que te envíe de Su revelación para comprender cada una de las 7 palabras porque no fueron pronunciadas para llenar un espacio; fueron dichas con motivo de librar guerra espiritual por amor a ti y que seas totalmente libre.

Otro punto importante e interesante que no puedo dejar de mencionar es el candelero de 7 brazos, porque el cuarto brazo era la luz principal que conectaba con los 3 de cada lado; dicho en otras palabras, es un tiempo de transición para una mejor vida; o sea, cuando alguien se siente solo y alejado de Dios, es tiempo de un cambio, de tal manera que la soledad por la que puedas estar atravesando no es para que te sientas la persona más miserable, pobre, humillada, sino que con la cuarta palabra te anuncia un tiempo de cambio para una mejor etapa.

Claro que el abandono pudo haber dejado estragos, los traumas pudieron quedarse, pero es necesario que sepas que no hay poder diabólico que pueda más que el poder de Dios porque si alguien verdaderamente es estratega en guerra espiritual, es Dios, de tal manera que cuando El te diga que camines, aunque te parezca antagónico a la lógica humana, solamente obedece a Su palabra porque la victoria ya la tienes ganada en Jesús.

Recuerda que Adán recibió su ayuda idónea después de un tiempo de soledad, eso significa que tuvo un tiempo de transición antes que llegara Eva. Otro ejemplo que puedo mencionar en lo que a transición se refiere, es cuando Jacob iba de regreso a buscar a su hermano Esaú, llegó un momento en el que se quedó solo; eso me deja ver que cuando Dios permite tu soledad; si tienes revelación de las palabras dichas por Jesús en la cruz, es porque estás teniendo la noche de cambio, es la hora novena, la hora del cambio, es la noche de transición.

Jacob peleó con una entidad divina, gloriosa, que su propósito era romper con el estilo de vida que había acumulado con el nombre Jacob, de manera que el ángel había llegado no solamente a quitarle las acusaciones que llevaba en todo momento, sino también le cambio de nombre, el carácter, el comportamiento, su mente, por consiguiente dejó la vida que había llevado durante muchos años; ahora era un hombre que viviría por la guianza del Espíritu pero tuvo que pasar solo una noche, porque era como la señal de la transición a la que había sido sometido.

Cuando llega este tipo de revelaciones de Dios a tu vida, vendrán tiempos de soledad también pero no soledades demoníacas; sino donde El quiere tener un trato íntimo contigo para que le puedas rendir toda la gloria solamente a El sabiendo que hizo algo en tu vida sin ayuda de nadie ni de nada. Aquí quiero decirte algo muy importante a tu vida... Dios hará liberaciones en ti, en medio de tu soledad, pero insisto, no es una soledad demoníaca, sino donde tendrás un tiempo íntimo con El y eso te llevará a ser libre de cosas que quizá no imaginas que las puedas tener.

En el ministerio de liberación que Dios me ha entregado, ha permitido que tengamos experiencias de gente siendo liberada de muchas cosas, sin embargo puede ser que en algunos casos, aquella gente regrese por otra liberación de la misma situación, como quizá puede suceder contigo también. Sin embargo, la liberación que podrás experimentar en ese tiempo de intimidad con Dios, será una sola vez y nunca más volverás al mismo problema o situación; ese tipo de liberación la he llamado, **la liberación cuando raya el alba**.

Por lo regular cuando se experimenta ese tipo de liberaciones, es en altas horas de la madrugada, especialmente cuando la mayoría de personas con las que vives, están en un sueño profundo; son liberaciones que tienen lugar cuando raya el alba, a la usanza de Jacob. Aquel varón se había quedado solo, había enviado por otro lado a su pueblo; se quedó solo, ¿por qué?, porque ya estaba establecido en Dios que a un futuro pasado, Jesús ya había sustituido la soledad de Jacob y para que no procesara esa soledad de manera negativa, sino que entendiera que esa soledad venía de parte de Dios porque El quería trabajar en el alma de Jacob.

Hay liberaciones que llegarán así a tu vida, eso sucede cuando tienes un verdadero deseo de ser libre, incluso puedes estar lleno de temores, de situaciones difíciles; por eso este tipo de liberaciones Dios se la permite a gente que quieren dejar una forma de vida que les puede estar afectando duramente porque creen que solo ellos llevan esa problemática en la soledad, quizá por un vicio del cual se han ministrado, donde pasan bien por unos días, de pronto se vuelve a manifestar aquella misma situación y deslizan nuevamente, aunque en su intimidad quieren ser libres.

Cuando tienes algo en tu alma que ningún hombre ha podido ayudarte a desarraigarlo, pero verdaderamente quieres ser libre, entonces experimentarás la liberación que necesitas cuando raya el alba; porque ese es un momento en el tiempo, donde en las altas horas de la madrugada, cuando es más intenso el tráfico de los espíritus, entiéndase con esto de las 3:00 a las 6:00 am, ya no serás más atacado por espíritus inmundos, sino que ahora tendrás la visita del mismo Espíritu de Dios para romper con toda cadena que te ha tenido esclavizado.

Después de esa experiencia, al despertarte sientes que has tenido la batalla más encarnizada de tu vida, pero comprendes que Dios mismo se ha ocupado en dejarte solo para hacerte libre y dedicar Su tiempo especialmente para ti, enviando Sus huestes a romper toda cadena sin importar cómo se pueda llamar; esto tiene lugar una sola vez en tu vida y nunca más, por eso, si experimentas ese tipo de liberaciones, debes saber que es solamente por la gracia de Dios que pudiste experimentar una incursión desde Su trono especialmente para ti, que quizá has tenido un problema que pretendiste liberarte a ti mismo, pero finalmente llegó el día de tu liberación.

Entonces la soledad del Señor Jesucristo en la cruz, es un momento donde puedes alcanzar la liberación más poderosa de tu alma. Jacob y su soledad habla de una dimensión de liberación única que no se repite en la vida.

Testimonio

Hace muchos años, después que había tenido la oportunidad de estar incursionando en liberaciones masivas, estuve experimentando contragolpes, aun no sabía cómo anular toda operación diabólica de contragolpe y venganza que el diablo estaba pretendiendo cobrar en contra de mi persona. Llegó el momento en que al salir de una actividad de liberación, un vehículo se empotró detrás del mío; situación que se repitió una y otra vez, durante 2 años, lo cual dio lugar a que empezara a vivir con miedos de ese tipo de contragolpe.

Una noche, después de una actividad donde Dios se había manifestado de una forma extraordinaria como solamente El sabe hacerlo; de pronto cuando llego a mi habitación, se manifiesta una potestad amenazando que me destruiría, en seguida aparece un ser divino, una potestad angelical que se sostenía en el aire; sus pies eran en forma de remolino de color rojo, azul, amarillo y blanco, y frente a mi, hubo una de las batallas más feroces que jamás antes había presenciado donde una hueste de las tinieblas peleaba por hacerme daño, y un ángel enviado por el Señor peleaba por defenderme.

Fue una experiencia tan terrible; llegué a sentir que cuando esa potestad de las tinieblas tomaba al ángel por el cuello, lo sentía en mi cuerpo al punto de ahogamiento; sentía que me moría, estaba viendo cómo esa potestad demoníaca estaba venciendo al ángel que había llegado en mi auxilio.

De pronto vi cómo el ángel levantó su espada y en la punta entraron unas luces que fue como si le dieran fuerza, entonces hizo que la potestad retrocediera y lo empezó a vencer, al punto de tomarlo como quien levanta una maleta para sacarlo de la habitación, pero en dirección hacia la pared; y antes de salir me volteó a ver el ángel de Dios para decirme: **nunca más volverán los ataques a tu vida, porque has sido liberado en la liberación cuando raya el alba**.

Nunca más en mi vida volví a ver esa potestad queriéndome destruir; eso es lo que Dios desea que te haga saber, porque tendrás experiencias como nunca antes, pero no en el templo, sino en la soledad de tu casa, en tu habitación, cuando raya el alba, ahí llegará Dios para liberarte de los temores y de los terrores nocturnos para glorificar Su nombre sobre ti y que nunca te olvides de darle en todo momento, toda la alabanza y gloria.

Con todo eso, entonces la soledad ya no la procesarás como lo ve el mundo, sino que en la soledad sabrás que Dios quiere hacer algo en tu vida; pero es necesario pasar por ese tiempo de transición; podrás estar viviendo cualquier tipo de problemas que te llevaron a un momento de soledad en el que has creído que morirás, pero en el nombre de Jesús, si crees a Su palabra, debes apropiarte de las promesas que hizo en la cruz del calvario por amor a ti y saber que solamente estás en medio de una transición a un mejor tiempo; quizá seguirás viviendo un tiempo de soledad, pero se convertirá en victoria como sucedió con Jacob.

La Quinta Palabra

Juan 19:28 (LBA) Después de esto, sabiendo Jesús que todo se había ya consumado, para que se cumpliera la Escritura, dijo : **Tengo sed.**

Esta es la guerra espiritual para cambiar la sed de aquellas cosas con las cuales aun batallas, para romper con deseos insaciables que tu cuerpo y tu alma aun te exigen a pesar de saber que son pecaminosas; y no cambiarán si no es por medio de una sobrenaturalidad que Dios permite en tu vida, quizá el vicio de las drogas, el alcohol y que ambos te puedan estar matando. Pero no será sino hasta que se haga vida en su corazón y mente el hecho que solamente Jesús puede cambiarte esa sed de vicios por sed de justicia de Dios, por la sed de Su palabra, de Su presencia.

La Sexta Palabra

Juan 19:30 (LBA) Entonces Jesús, cuando hubo tomado el vinagre, dijo: **¡Consumado es!** E inclinando la cabeza, entregó el espíritu.

Esta sexta palabra de guerra espiritual es para poder decirte: **¡Consumado es!** Esta es la última palabra dicha por un sacerdote después que se ha ofrecido una ofrenda para el holocausto. En el tiempo antiguo, se presentaba el cordero para hacerse holocausto, el sacerdote lo ponía sobre el altar hasta que se quemaba por completo, y cuando se había hecho ceniza, el sumo sacerdote decía, **¡Consumado es!**, dicho en otras palabras, no hay más qué hacer, todo está finalizado, está completo, la palabra consumado, es el grito en guerra espiritual donde Dios dice: ha sido todo completamente purificado.

Eso significa que las primeras 5 palabras, son de constante confrontación contra todo aquello que te ha estado estorbando, pero la sexta palabra es el sello que está diciendo que no hay más que hacer porque El ha completado la obra en tu vida porque estás purificado, consagrado, santificado; es como un sello que significa: **PRODUCTO TERMINADO EN LA ESFERA ESPIRITUAL.**

Es como decir que tus batallas contra demonios y espíritus inmundos... **¡Consumado es!**, el miedo, las luchas, los ataques, todo aquello negativo **¡Consumado es!** Dios puede desarraigar totalmente de raíz toda obra de las tinieblas, de tal manera que cualquier rechazo, todo aquello que hicieron en contra tuya, se termina en el nombre de Jesús.

Debes saber que el ataque de Satanás para anular toda posibilidad de liberación a tu vida, estuvo latente desde antes que Jesús subiera a la cruz; por eso fue que cuando lo azotaron, golpearon fuertemente Su cabeza para romper las neuronas y que al estar en la cruz, se olvidara de la guerra espiritual que debía librar. Pero el Señor sabía lo que padecería y sabiéndolo, no se negó a llegar a ese momento porque lo hizo por amor a ti para que tuvieras la oportunidad de la verdadera libertad en Cristo Jesús.

La Séptima Palabra

Lucas 23:46 (LBA) Y Jesús, clamando a gran voz, dijo: **Padre, EN TUS MANOS ENCOMIENDO MI ESPÍRITU**. Y habiendo dicho esto, expiró.

Con esto puedes ver que estuvo lúcido hasta el último momento porque Satanás no alcanzó en ningún momento su propósito nefasto de anular la única oportunidad que llegaría a tu vida para un cambio total y radical. El Espíritu perfecto de Dios, de Cristo, voló a las manos del Padre para decirte que esa es la etapa más sublime de un hombre y una mujer después de haber experimentado las 6 primeras palabras de guerra espiritual, al llegar a la séptima palabra está siendo trasladado a un estado espiritual de perfección donde nunca más serás poseído o invadido por un demonio.

Si crees a cada una de estas palabras de guerra espiritual que Jesús libró desde la cruz del calvario, puedes llegar a ese estado de perfección, donde nunca más serás atormentado, podrás apropiarte de las palabra que Jesús dijo:

Juan 14:30 (LBA) No hablaré mucho más con vosotros, porque viene el príncipe de este mundo, y él no tiene nada en mí…

Es como decir que ya no hay receptor de tinieblas, ya no hay leyes en la carne, porque aprendiste a vivir en el temor de Dios y en la santidad, has aprendido a renunciar constantemente cada vez que sientes que el enemigo está tratando de hacer que abras una puerta. Por el espíritu de perfección de un hombre que ha experimentado los 6 primeros niveles de guerra espiritual, puede llegar hasta percibir el olor a demonio y también puede estar seguro que no penetrará porque no encontrarán derechos espirituales que los autorice a entrar esa vida para poseerla o estorbarla.

Estas destinado a llegar al nivel espiritual donde con solamente tu presencia, por el Espíritu Santo dentro de ti, se manifestarán los demonios en un lugar o una persona como sucedió con los gadarenos; le salían al encuentro para preguntarle por qué había llegado a atormentarlos antes de tiempo.

Llegarás a hospitales donde Dios te permitirá ver cómo el mundo de los espíritus, ha hecho incluso una especie de tronos, lo cual te moverá a que reprendas, liberes y decretes la palabra de Dios, de tal manera que los espíritus inmundos y demonios se te sujetarán porque pasaste por el consumado de Dios, y ahora te acercas a la dimensión como la de los espíritus hechos ya perfectos, porque la antítesis de los espíritus ya perfectos, son los espíritus inmundos los cuales no es más que el espíritu de un humano que murió irredento, de tal manera que ese espíritu anda como vagabundo en los ambientes buscando un cuerpo para saciar sus bajos instintos, en el cuerpo del que se lo permita.

Pero tú no eres hotel de ningún espíritu inmundo, tu vida tiene el sello de perfección que Dios le ha puesto, además tu cuerpo es templo del Espíritu Santo; hoy con lo que hasta aquí has aprendido, debes llevarlo en tu corazón y mente porque cada vez que te acerques a la mesa del Señor Jesucristo, es para renovar lo que un día empezó en ti; al participar del pan y vino son para rememorar el sacrificio de Jesús en la cruz del calvario y que sean validadas una vez más las 7 palabras que El pronunció en la cruz del calvario por amor a ti, para darte la victoria en guerra espiritual cada vez que te acerques a Su mesa; recuerda que es el poder de Su sangre la que rompe todo tipo maldiciones, cadenas, hechizos, etc., no hay agüero contra tu vida porque Jesús te hizo totalmente libre.

El Partimiento De Su Cuerpo

Capítulo 5

La Santa Cena tiene infinidad de bendiciones y muchos ángulos para poder explorar y ser edificados, pero tal como lo mencioné en los capítulos anteriores de este mismo libro, si bien es cierto que es a través de la preciosa sangre de Jesús que fuiste redimido, también debes saber que en todo esto hubo guerra espiritual que se libró para brindarte libertad; por eso estoy seguro que la Santa Cena tiene muchos ángulos para poder exponer su significado de bendición.

Empezaré entonces con exponer la base bíblica que me servirá para el desarrollo de esta enseñanza que viene a complementarse con el poder de las 7 palabras de guerra espiritual que Jesús pronunció desde la cruz del calvario para romper ataduras en tu vida:

1 Corintios 5:7 (LBA) Limpiad la levadura vieja para que seáis masa nueva, así como *lo* sois, sin levadura. **Porque aun Cristo, nuestra Pascua, ha sido sacrificado**.

Aquí puede ver que es la penúltima vez en la Biblia donde se menciona la palabra Pascua; esto es de suma importancia, por eso debo aplicarle un principio de interpretación, en teología se conoce como la ley de la primer mención, es decir que para no salirme de la misma revelación, debo hablar desde el versículo descrito, pero sin desviarme del origen de la pascua. La última vez que se menciona en la Biblia se encuentra en este versículo:

Hebreos 11:28 (LBA) Por la fe celebró la Pascua y el rociamiento de la sangre, para que el exterminador de los primogénitos no los tocara.

Esto es de suma importancia porque para que esta enseñanza se haga vida en tu corazón, debes añadirle mucha fe en cada oportunidad que tienes de acercarte a la mesa del Señor a participar de la Santa Cena y entonces obtener todos los beneficios que solamente ahí puedes recibir. Entre los beneficios a los que me refiero, quiero citar algunos, aunque puedo decir también que son 5 grandes grupos que agrupan muchos más:

1. Redención.
2. Liberación de espíritus, de demonios y rompimiento de ataduras.
3. Protección divina.
4. Sanidad.
5. Prosperidad.

Claro que esto incluye desde aquel que no conoce al Señor Jesucristo, porque desde ahí inician todos los beneficios, pasar de tinieblas a la luz admirable de Jesús y seguidamente los que describí; pero debo insistir en que es necesario añadirle mucha fe, de lo contrario, no solamente estarías cayendo en un acto religioso, en un rito sin sentido, sino que también estarás participando de una mesa que contiene pan y vino simplemente; en caso contrario, si verdaderamente crees en que Dios tiene poder para operar en los 5 grupos de bendiciones, puedes tener la convicción que cuando comes del pan y bebes del vino, al entrar a tu cuerpo tienen el efecto de la transustanciación para convertirse entonces en el cuerpo y la sangre de Jesús, lo único que puede tener el poder para cambiar tu ADN y transformarlo a su estado original aun sin pecado porque para que puedas participar de la mesa del Señor, debes hacerlo dignamente, estando a cuentas con el Señor.

Dicho en otras palabras entonces, estás comiendo y bebiendo divinidad que no es contaminable, sino por el contrario, por medio de la misericordia de Dios y la fe que puedas tener, todo tu ser es cambiado porque ese es el propósito de todo esto, que vayas siendo transformado como la luz de la aurora que va de aumento en aumento hasta que el día es perfecto.

Antes de continuar, también quiero dejar por sentado que las bases bíblicas en todo esto son:

1 Corintios 11, Isaías 53 y Éxodo 12

Esto con el propósito de ver poder explicar que la Santa Cena tiene los 5 puntos que ya describí, de hecho solamente en el libro de Éxodo puedes ver que el día que el Señor liberta al pueblo de Israel de la esclavitud de Egipto, una noche antes el Señor iba a matar a los primogénitos de los egipcios; también dice la Biblia que el destruiría a sus dioses, solamente ahí puedes ver una incursión espiritual de parte de Dios. También dice que la sangre puesta en los postes y en el dintel de la casa de los hebreos, serviría como una señal de protección divina para que el destructor no destruyera al pueblo de Dios.

Cuando investigas acerca de quién era esa entidad que está identificada como el destructor, puedes ver que se refiere a Apolión descrito en el libro de **Apocalipsis 9:11**, eso significa que era una potestad que igualmente incursionó en aquel entonces cuando tuvo lugar la liberación del pueblo del Señor; porque obviamente que el reino de las tinieblas siempre se opondrá para que el pueblo de Dios no alcance esa liberación anunciada y declarada a tu vida.

En Memoria de Mí

Por otro lado, cuando el Señor celebró por última vez con Sus discípulos lo que se llamó hasta ese momento la pascua, hizo énfasis de que se hiciera en memoria de El; eso mismo es lo que el Apóstol Pablo toma con tanta importancia por lo que lleva implícito y lo señala con tanta seguridad como si hubiera estado ahí presente, en el momento del partimiento del pan y la copa que representaba en Nuevo Pacto.

1 Corintios 11:24-25 (LBA) …y después de dar gracias, *lo* partió y dijo: Esto es mi cuerpo que es para vosotros; haced esto **en memoria de mí**. [25]
De la misma manera *tomó* también la copa después de haber cenado, diciendo: Esta copa es el nuevo pacto en mi sangre; haced esto cuantas veces *la* bebáis **en memoria de mí**.

En los capítulos anteriores pudiste ver la importancia que representan las 7 palabras que Jesús pronunció en la cruz del calvario por cuanto fue una guerra espiritual a tu favor. Sin embargo, cuando veo este pasaje, puedo notar que, por un lado aquellas 7 palabras que el Señor pronunció, fueron para tu libertad, no así para que las memorizaras y que las pronuncies hoy en guerra espiritual como si fuera vana palabrería sin sentido ni espíritu, porque esa batalla que El libró, nadie más lo podrá hacer; si el Espíritu pone en tu corazón hacer uso de ellas, déjate llevar por el Señor para hacer lo que El te diga. Lo que debes memorizar es lo que El dijo que memorices acerca del sacrificio del Señor Jesucristo y de los beneficios que tienes cada vez que te acercas a Su mesa para participar de la Santa Cena.

Jesús hizo una obra redentora, de tal manea que cada vez que participas de Su mesa, eso mismo se activa o renueva para que pueda estar presente y cubrirte el tiempo hasta la próxima vez que participes en otra celebración de Su mesa; dicho en otras palabras, hoy puedes participar de la mesa del Señor y quedan activados los beneficios de redención, sanidad, liberación, protección divina y prosperidad hasta la próxima vez que vuelvas a participar con un nivel de fe mayor y estar sentado a la mesa del Señor para tomar la nueva porción que te cubrirá por otro período y así sucesivamente hasta la venida del Señor.

Ahora bien, cuando ves en el Diccionario Strong el significado de la palabra **MEMORIA**, encuentras que está relacionado con el código **G364** el cual a su vez se pronuncia **ANAMNESIS**, es una palabra griega compuesta de 2 partes:

1. **<u>ANA:</u> prefijo que significa "hacer algo otra vez"**
2. **<u>MNESIS:</u> significa "mente"**

Por eso los 5 puntos que mencioné al principio de este capítulo, son renovados por el principio de memorizar el sacrificio del Señor, especialmente el partimiento del pan; pero en realidad, técnicamente cuando se participa del pan y del vino, debes traer a la memoria que el cuerpo del Señor fue partido para que el precio de Su paz, cayera sobre ti.

Partir el pan es una de las cosas que el Señor desea que memorices, por eso el Apóstol Pablo dice que debes discernir adecuadamente el cuerpo del Señor porque cuando habla de **partimiento o partido, esa palabra significa, darlo a otro**, no era solamente el acto de partir el pan, sino que llevaba implícito el pensamiento que cuando se parte, debe darse a otro.

Es decir que cuando Jesús recibió todo aquel rechazo, estaba dándose a ti para tener todos los beneficios que contiene la bendición del partimiento del pan y de la copa de vino que es la sangre del Señor. Por eso cuando El dijo: **en memoria de mi…** significa también saber aplicar un discernimiento correcto del cuerpo del Señor con relación a Su sacrificio.

La Pascua y la Primera Mención

Éxodo 12:11-12 (LBA) "Y de esta manera lo comeréis: ceñidos vuestros lomos, las sandalias en vuestros pies y el cayado en vuestra mano, lo comeréis apresuradamente. **Es la Pascua del SEÑOR**. [12] "Porque esa noche pasaré por la tierra de Egipto, y heriré a todo primogénito en la tierra de Egipto, tanto *de* hombre como *de* animal; y ejecutaré juicios contra todos los dioses de Egipto. Yo, el SEÑOR.

- **La palabra pascua:** en hebreo, desde un sentido literal es **"Protección después de la sangre".** Eso significa que así como la puerta se marcó y sirvió para que aquella noche el destructor pasara de largo; de igual forma el Señor estaba protegiendo a Su pueblo porque habían reconocido y obedecido a lo que debían hacer para salir debidamente librados.

Debes saber entonces que Dios se pone en pie a proteger, a quien tiene la sangre del Cordero, de Su Hijo, de Jesús; de tal manera que sin importar los destructores que haya alrededor, no podrán tocarte porque hay protección divina, tienes el cerco divino de Dios a la manera que lo tuvo Job.

Cuando observas el versículo 12 de la misma cita, puedes ver que está refiriéndose específicamente a herir a todos los primogénitos; aunque lo que debes ver aquí no es la misma idea que se traslada en el ámbito humano, porque los primogénitos por lo regular llevan el nombre del papá; la realidad es que el primogénito lo que lleva es el principio del vigor, es decir, la fuerza que estaba en los lomos del padre que lo engendró, lo transmite en la semilla y ahí va la visión del padre, sus anhelos, sueños, deseos.

Entonces el primogénito lleva un potencial que el padre le transmite en la misma semilla cuando engendra, lo cual significa que el hijo tiene un porcentaje mayor en capacidad y visión para poder cumplir con lo que el padre no pudo alcanzar.

Visto del lado de las tinieblas, de igual forma también lleva lo que generaciones de otros espíritus no han podido realizar en algún ambiente o atmósfera, por ejemplo, los primogénitos, llámese principados, vienen de la misma raíz, por consiguiente contiene también la misma idea que llevan la semilla negativa para terminar lo que sus ancestros no hicieron en contra del pueblo de Dios, en contra de la Iglesia del Señor Jesucristo.

Por eso lo que Dios iba a destruir era a los primogénitos de las tinieblas, los principados para que su semilla no se prolifere y en consecuencia no afecten al pueblo del Señor problema alguno porque serían protegidos mediante la sangre del Cordero de Dios que quita el pecado del mundo, de manera que tienes una mayor ventaja de destruir lo que te destruyó en el pasado ancestralmente hablando.

- **Teológicamente significa: Pasa de largo o pasa sobre.**

Los 10 dioses de Egipto

En el versículo 12 de la cita anterior, puedes ver que hubo juicio también contra los dioses de Egipto, por eso fueron 10 plagas, porque eran 10 dioses principales en aquel entonces que serían avergonzados al no poder hacer nada a favor de los egipcios; o sea, cada plaga era un ataque a un dios de los puedes ver a continuación:

1. **Las aguas convertidas en sangre: Hapy**, el espíritu del Nilo.
2. **Las ranas: Heket**, cuya imagen era una rana o una mujer con la cabeza de una rana.
3. **Los piojos: Kheper**, quien era representado por un escarabajo.
4. **Moscas: Kheper.**
5. **Muerte del ganado: Apis**, el dios toro.
6. **Ulceras: Isis**, la diosa de la vida y de la sanidad.
7. **Granizo: Neper**, el dios de las cosechas de granos.
8. **Langostas: Amun**, dios del viento.
9. **Oscuridad: Horus**, el dios sol.

10.La muerte de los primogénitos.

Esas fueron las 10 plagas que envió el Señor para destruir los dioses de Egipto y avergonzarlos porque ninguno de sus dioses les daría la victoria contra los hebreos, ninguno de ellos tendría el poder del Todopoderoso que está a favor de tu vida, pero entonces el punto de todo esto es que la sangre en las casas de los hebreos era la señal para todo esto porque en medio de la guerra espiritual, así como es por Su sangre que eres libre, de igual forma es por Su sangre que eres protegido. Todo eso es lo que se activa en los ambientes cuando te sientas a la mesa del Señor Jesucristo para recibir los elementos del pan y el vino.

Es por eso que si en algún momento tienes estorbos para acercarte a Su mesa, puedes reprender en el nombre de Jesús, pero también debes saber que ese estorbo es a causa de la batalla espiritual que se está librando en los ambientes porque las tinieblas buscan impedir que te acerques a la mesa del Señor, pero recuerda que no estás solo, El está librándote de todo espíritu de muerte, está ministrando fortaleza y recordándote que eres un guerrero por eso eres Su hijo, pero si eres Su hijo y eres un guerrero, también debes saber que habrá batalla constante porque estás buscando agradar al Señor.

Ahora bien, quiero enseñarte una parte muy interesante del versículo que ya describí, pero en otra versión de la Biblia:

1 Corintios 11:24 (R60) ...y habiendo dado gracias, lo partió, y dijo: Tomad, comed; esto es mi cuerpo que por vosotros **es partido**; haced esto en memoria de mí.

El Partimiento Del Cuerpo del Señor

Es necesario estudiar a qué se refiere el Señor cuando dice: **es partido...** con el propósito que veas las partes de Su cuerpo en forma directa, porque tienen un impacto impresionante; en realidad todo Su cuerpo fue al lago de fuego, por consiguiente no podría decir que solamente determinadas partes de Su cuerpo son importantes, pero realmente a lo que me refiero es la relación directa con tu vida, qué significó lo que más resaltó; quizá esa sea la forma más clara de decirlo, porque como vuelvo a repetir, todo Su cuerpo te sustituyó en la muerte segunda, en el lago de fuego fue el holocausto de Cristo y cada órgano de Su cuerpo te sustituyó.

LAS MANOS

Salmos 22:16 (BSO) Perros me han rodeado; me ha cercado una banda de malignos; **desgarraron mis manos** y mis pies.

Lo que esto significa es que los clavos que traspasaron sus manos, te estaban dando la libertad de todas las obras malas que hayas hecho en el pasado, con el propósito de terminar con las consecuencias que eso pudo haberte atraído.

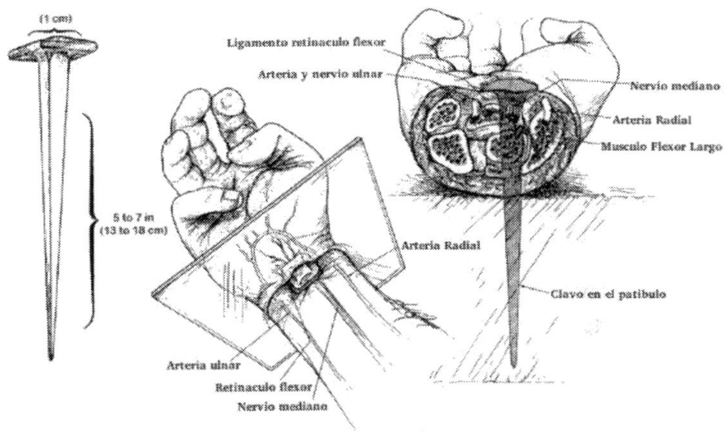

Cuando lees en la Biblia acerca de manos, debes saber que está refiriéndose a obras; con las manos bendices, consuelas, sanas en el nombre de Jesús, lo que tocas puede multiplicarse, prosperar; aun en la imposición de manos, es el punto de contacto para transferir virtud de parte de Dios; de manera que tus manos deben recibir una especie de libertad también para que las puedas levantar sin ira ni contiendas, puedan ser el instrumento de justicia y poder de Dios a favor de los nuestros; que sean el punto de contacto para transferir bendición y no mal ni enfermedades ni maldiciones; por eso tus manos necesitan ser libres.

Cuando el Señor dijo que trajeras a memoria lo que El hizo, incluía esta situación, libertad de las malas obras que pudiste haber hecho en tu vida pasada.

Salmos 9:16 (BSO) Jehová se ha hecho conocer en el juicio que ejecutó; en la obra de sus manos fue enlazado el malo. [Higaión. Selah]

Observa cómo es que las obras malas en las que tuviste alguna participación por ignorancia, te ataron, trayendo consecuencias nefastas; por eso Dios está interesado en que seas libres de todas situación contraria. Las manos libres te llevan a una vida productiva en la cual Dios bendice para que haya multiplicación.

Lamentablemente por el engaño de las tinieblas, también puede ser que haya gente con sus manos atadas y que todo aquello que tocan, lo secan o lo destruyen; por eso es necesario que haya una libertad en tus manos y que sean quitados los receptores negativos, leyes de los miembros y que tus manos no te recuerden hechos que cometiste en el pasado; eso es lo que Dios desea en tu vida, una libertad integral, por consiguiente incluye las manos.

Significado de Las Manos Según el hebreo

1. **La manos derecha y abierta**
2. **La mano izquierda y cerrada**

De aquí entonces la importancia de lo que dice la Biblia respecto a discernir adecuadamente el cuerpo del Señor y también el por qué hay que traer a memoria lo que escribió el Apóstol Pablo, o sea, participando de la mesa del Señor estás trayendo de nuevo los beneficios de Su sacrificio.

Mano #3027 yad {yawd}
Mano derecha y abierta

Significado: Fuerza, poder, soporte, sustento, bendición, provisión, salvación, unción.

Un ejemplo lo puedes ver en este versículo:

Ezequiel 37:1 (LBA) La mano del SEÑOR vino sobre mí, y me sacó en el Espíritu del SEÑOR, y me puso en medio del valle que estaba lleno de huesos.

Es una mano entonces que se tiene abierta de parte de Dios; cuando El habla de mano desde el punto de vista o del término hebreo **YAD**, es porque la extiende y está abierta; el hecho que esté abierta significa que trae algo que te quiere dar, que Dios está ministrando, proveyéndote porque lo estás esperando; de tal manera que cuando disciernes Su sacrificio, estás activando la mano de Dios que Jesús te otorgó a través de Su sacrificio; el hecho que diera Sus manos para que fueran traspasadas con clavos, fue para que tengas a tu disposición la mano extendida y abierta de Dios que te provee de sanidad, liberación, fortaleza, prosperidad, unción, poder, fuerza de Dios, etc.

No hay razón para sentirse derrotado, habrá problemas porque el enemigo no desaprovechará ni una sola oportunidad para pretender hacerte desmayar en medio del desierto, pero recuerda que cuando Dios sacó de Egipto a Israel, antes de llevarlos a la tierra prometida, al lugar donde habría abundancia, primero tuvieron que celebrarle fiesta al Señor en el desierto; hoy quizá estés en medio de un problema, un desierto, pero debes saber que ahí es dónde mayor fiesta le puedes celebrar a Dios porque no habrá distractores.

- ✓ **La mano derecha significa:** gracia, sanidad, **amistad con Dios**, bendición, transformación.

El erróneo pensamiento de Satanás fue que destruiría las manos del Creador, que podría anular la bendición que estaba direccionada a tu vida, sin embargo el poder de ese sacrificio es incontenible en todas las esferas, que a pesar de lo que humanamente pudo ver la gente de aquel entonces, llegando a la conclusión que Jesús no podría salvarlos ante tal tortura; en el mundo espiritual estaba llevándose a cabo el acto de amor nunca antes visto, la carne y sangre que estaba siendo sacrificada, estaba llevando vida para que tú hoy pudieras acercarte a Su mesa y renovar toda bendición que Dios decretó.

Mano #0405 'ekeph {eh'-kef}
Mano izquierda o cerrada

Significa: la presión, la urgencia, la carga, la ira, el juicio, la maldición, no salva sino que destruye.

Esto es lo contrario a la mano derecha, observa la cita siguiente cita:

Job 33:7 (LBA) He aquí, mi temor no te debe espantar, ni mi mano agravarse sobre ti.

Esta mano no es para ti, porque es la que lleva a condenación, es la mano que va cerrada, es la mano izquierda, la mano de condenación como lo deja ver esta cita:

Mateo 25:31-34 (LBA) Pero cuando el Hijo del Hombre venga en su gloria, y todos los ángeles con Él, entonces se sentará en el trono de su gloria; [32] y serán reunidas delante de Él todas las naciones; y separará a unos de otros, como el pastor separa las ovejas de **los cabritos**. [33] Y pondrá las ovejas a su derecha y **los cabritos a su izquierda**. [34] Entonces el Rey dirá a los de su derecha: "Venid, benditos de mi Padre, heredad el reino preparado para vosotros desde la fundación del mundo.

Mateo 25:41 (LBA) Entonces dirá también **a los de su izquierda: "Apartaos de mí, malditos, al fuego eterno** que ha sido preparado para el diablo y sus ángeles.

Lo que hizo Jesús al estar en la cruz del calvario, cuando clavaron Sus manos, lo que sucedió fue que destruyó las consecuencias de tus malas obras y a la vez te cambió de juicio, eso significa que a través de Su sacrificio te cubre, te liberta y te quita del juicio del trono blanco el cual es de condenación, para situarte entonces en el juicio del trono de Cristo el cual es de galardones, de recompensas.

Entonces el derramamiento de Su sangre, marcó una gran diferencia y te pasaron de un tribunal a otro, de un juicio a otro y en vez de recibir maldición, ira, opresión y furia; estás recibiendo salvación, unción, provisión, sanidad, liberación, prosperidad, la bondad de Dios con Su mano extendida y abierta.

Las manos traspasadas del Señor, te dan el derecho para alcanzar LA LIBERTAD de las atmósferas negativas que las malas obras te produjeron.

Génesis 35:16-18 (R60) Después partieron de Bet-el; y había aún como media legua de tierra para llegar a Efrata, cuando dio a luz Raquel, y hubo trabajo en su parto. [17] Y aconteció, como había trabajo en su parto, que le dijo la partera: No temas, que también tendrás este hijo. [18] Y aconteció que al salírsele el alma (pues murió), llamó su nombre **Benoni**; mas su padre lo llamó **Benjamín**.

Quise poner esta cita porque aquí puedes ver cómo es el cambio de maldición a bendición:

Benoni: hijo de mi dolor, hijo de la mano izquierda.
Benjamín: hijo de mi mano derecha.

En estos nombres están las manos del Señor:

Izquierda = Benoni es la etapa de Jesús como la etapa de varón de dolores:

Isaías 53:3 (LBA) Fue despreciado y desechado de los hombres, varón ***(BENONI)*** de dolores y experimentado en aflicción; y como uno de quien *los hombres* esconden el rostro, fue despreciado, y no le estimamos.

Con el sacrificio de Jesús, se anuló para ti todo lo que El padeció; ni el diablo tiene derecho a levantar argumentos en contra tuya, porque la sangre del Señor, no solamente borra tus pecados, sino que también te cubre y purifica con Su sangre rociada para que estés dentro de la atmósfera de la mano derecha de Dios y que todas las bendiciones se hagan efectivas a tu vida.

Hebreos 10:12-13 (LBA) ...pero Él, habiendo ofrecido un solo sacrificio por los pecados para siempre, SE SENTÓ A LA DIESTRA DE DIOS,
13 esperando de ahí en adelante HASTA QUE SUS ENEMIGOS SEAN PUESTOS POR ESTRADO DE SUS PIES.

Insisto en esto, Benoni y Benjamín te habla acerca de las manos del Señor, una mano que fue anulada, o sea la izquierda porque no será el juicio de condenación a tu vida sino, la mano derecha con recursos, bendiciones, sanidad divina, liberación de espíritus inmundos y de demonios, con Apolión sujeto a la obediencia porque la mano derecha se abrió para ti.

La Cena del Señor no es entonces un rito más, por consiguiente debes cuidarte en no caer en religiosidad porque lo que encuentras en la mesa del Señor es el poder que fue marcado por cada parte del cuerpo del Señor Jesucristo cuando dijo que Su cuerpo, o sea el pan, era el partimiento y que debía hacerse las veces que fuera, siempre en memoria de lo que El hizo en la cruz por amor a ti.

El Poder De Su Sangre

Capítulo 6

Bajo ningún punto de vista es fácil compartir la palabra del Señor; aunque al final el vaso que Dios usa esté fluyendo, no sería de esa forma si no es porque el Espíritu Santo dirige totalmente cada enseñanza; más aun cuando se trata directamente del cuerpo del Señor, del sacrificio en la cruz del calvario por cuanto Jesús es la puerta y Su sacrificio quedó a perpetuidad para que fuera aprovechado por ti y traído a memoria las veces que fuera necesario y renovar ese pacto eterno que El hizo contigo, aunque también debes comprender que la misma Biblia deja ver la forma correcta de participar de la mesa del Señor de una forma doctrinal, con el propósito que en cada oportunidad que tengas de hacerlo, tomes esa responsabilidad y alcances los beneficios de lo que encontrarás a Su mesa.

No obstante también debes comprender que de pronto llegarán situaciones que te estorbarán de forma radical, una de ellas es la vida de desobediencia a Dios, la vida de pecado propiamente; esas son cosas que te interrumpen las bendiciones de Dios en todos los ámbitos, y no solamente en lo espiritual, porque recuerda que lo espiritual repercute directamente en lo material y aun en lo físico.

Al decir en lo material, hablo que aun lo económico es afectado a consecuencia del pecado, las enfermedades se enseñorean del creyente porque hay puertas abiertas que el enemigo aprovecha para entrar; pero gracias a Dios que tenemos la Cena del Señor porque entonces es ahí donde tienes la oportunidad de hacerte un autoexamen o una especie de inventario de tu vida, para poder pedirle a Dios que te perdone y te conceda una nueva oportunidad para ingresar de nuevo al camino del Señor.

De tal manera que empezaré entonces con la descripción que usaré como cita base para este capítulo:

1 Corintios 11:29 (LBA) Porque el que come y bebe sin **discernir correctamente el cuerpo** *del Señor,* come y bebe juicio para sí.

En el Nuevo Testamento existen 2 formas en las que se puede aplicar la palabra **DISCERNIMIENTO**, lo cual es de suma importancia poderlo comprender, aunque en realidad es la misma palabra:

Diakrino #1252: distinguir, descubrir para realizar o tener un juicio correcto.

No obstante esta misma palabra aparece en la Biblia cuando el Apóstol Pablo habla acerca de los dones, cuando se habla del discernimiento de espíritus; es la misma palabra, de la misma raíz, aunque para utilizarla en el segundo caso, debe agregarse o interpretarse el descubrir correctamente de qué reino son los espíritus para poderles aplicar el juicio correcto; discernir entre un ángel de Dios y un ángel caído, discernir entre un espíritu que Dios está enviando para los que heredan la salvación y un espíritu inmundo, etc.

Entonces la misma palabra es usada para tener un juicio correcto respecto a la Cena del Señor y la otra para hacer un juicio o juzgar si una entidad es de Dios o no lo es. Pero el punto es que si aprendes a discernir o distinguir el significado del partimiento del pan, lo cual significa el cuerpo partido del Señor, el cuerpo dado a otro; puedes llegar a ser parte entonces de todo lo que en Su cuerpo, Jesús te dio el derecho a poder alcanzar.

En virtud de esto, puedo decirte entonces que el ángulo que Dios me ha permitido meditar en relación a la Cena del Señor, es como lo mencioné en al capítulo anterior; en cada oportunidad que El permite acercarte a Su mesa, es activada de nuevo toda la serie de beneficios que dentro de ellas, mencioné 5 o agrupé todos los beneficios dentro de 5 grandes grupos porque están identificadas cuando Dios libertó a Su pueblo Israel de la esclavitud de 430 años, ahí pudiste ver que el Señor avergüenza a los 10 dioses de Egipto por lo cual también fueron 10 plagas.

También pudiste observar que es donde mata a los primogénitos los cuales son representantes de principados; pero también pudiste ver que existe una limitación para el destructor para que no matara al pueblo del Señor que había obedecido con marcar los postes y el dintel de la puerta de las casas de los hebreos; eso realmente fue guerra espiritual, hubo destrucción de espíritus, demonios, rompimiento de ataduras, etc., son muchos los beneficios, pero como lo vuelvo a decir, en 5 grupos hice el resumen de todos, pero entonces resulta que cuando participas con un nivel mayor de fe basado en lo que dice el libro de Hebreos, eres trasladado a otro nivel de espiritualidad:

Hebreos 11:28 (LBA) Por la fe celebró la Pascua y el rociamiento de la sangre, para que el exterminador de los primogénitos no los tocara.

¿Cómo relaciono esto con la Santa Cena?, con este versículo que se complementa con Hebreos 11:28.

1 Corintios 5:7 (LBA) Limpiad la levadura vieja para que seáis masa nueva, así como *lo* sois, sin levadura. Porque aun Cristo, nuestra Pascua, ha sido sacrificado.

Entonces todo lo que se menciona en el Antiguo Pacto, eran sombras de lo que Jesús en Su sacrificio vino a cumplir para que estuvieras dentro del Nuevo Pacto, mejores promesas, por consiguiente mejores y mayores beneficios. Digo esto porque los israelitas celebran la pascua una vez al año, y la recomendación para ellos es hacer memoria de los 430 años de esclavitud y que los rescataron pasado ese tiempo; ese es el memorial para ellos. Para ti la forma de memorizar es diferente, porque es entonces traer a tu memoria que Cristo se entregó en cuerpo molido y abatido para que tengas hoy los beneficios del sacrificio de Jesús.

Por eso, cuando recuerdas los beneficios de ese bendito sacrificio al estar participando del pan y del vino, estás haciendo memoria que el Señor ya te dio el derecho de poder tener parte de esos beneficios y con tu fe, activarlos en el momento de la participación; dicho en otras palabras, en cada oportunidad que se te presente para acercarte a la mesa del Señor; puedes recibir ministración de liberación de cualquier potestad que esté pretendiendo estorbar el desarrollo de tu vida, el avance de tu vida, puedes tener la sanidad que tu cuerpo necesita y entonces darte el Señor la porción para caminar en sanidad divina, lo cual es diferente a salud divina.

El Partimiento del Cuerpo del Señor

Una vez dicho eso, en este capítulo lo que deseo es explicarte un poco acerca de los pies de Jesús que fueron traspasados en la cruz del calvario, en el capítulo anterior pudiste tener la oportunidad de estudiar las manos en relación al partimiento, ahora es otra parte muy impresionante:

LOS PIES

Salmos 22:16 (BSO) Perros me han rodeado; me ha cercado una banda de malignos; desgarraron mis manos y mis pies.

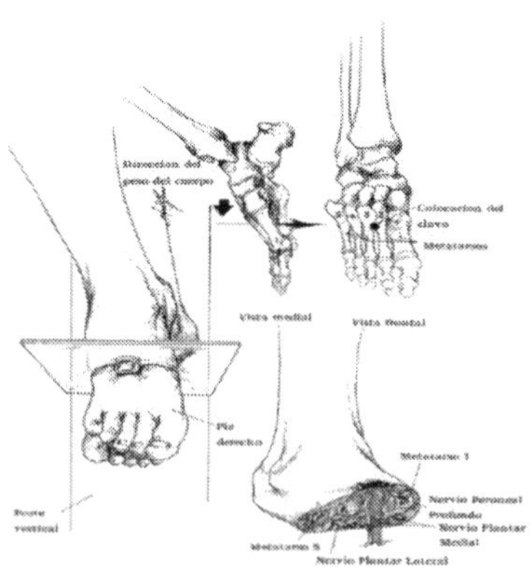

Si las manos traspasadas, dejaron como enseñanza acerca de la libertad, producto de las obras malas que hayas hecho, el tiempo que te ha perseguido el efecto de lo que hayas hecho como obras negativas; de igual manera entonces, hablar de los pies de Jesús que fueron traspasados, pueden liberarte de toda acusación porque El te perdona y te hace olvidar los caminos equivocados que en su momento pudiste haber transitado, las malas decisiones que hayas tomado en cualquier tiempo de tu vida, porque como has de saber, cuando ves en la Biblia que algo está refiriéndose a los pies, está hablando del caminar de una persona, pero como estoy hablando de los pies del Señor, El te sustituyó en la cruz y padeció en tu lugar para que todo camino erróneo que tomaras antes de conocer a Jesús, te fuera borrado al aceptarlo como Señor y Salvador de tu vida, lo cual se rememora cuando te acercas a Su mesa.

A lo que quiero llegar entonces es que tus pies necesitan libertad, ser liberados para no tener limitaciones que el enemigo haya marcado o con aquello que puede hacerte tropezar. La mayor libertad que puedes tener es el hecho de no sentirte influenciado para hacer lo negativo, sino, tener la completa libertad para decidir lo correcto, dejar lo vil para escoger siempre lo santo. Muchos conocen el camino correcto, sin embargo por la falta de libertad en su caminar, son obligados a tomar siempre el camino equivocado por la influencia de las tinieblas. Pero a la ausencia de ese peso satánico, puedes optar para escoger el camino bueno y santo que Jesús marcó para que todo aquel que escucha Su voz, caminen por la senda eterna de santidad.

El caminar en contra de la voluntad de Dios te llevó a que cada paso que dabas, era como una atadura más, porque te encaminabas a pecar; por eso hay ataduras que deben ser rotas en el nombre de Jesús, por eso El pago el precio, para quitar toda atadura y que puedas caminar al destino que Dios preparó para tu vida, y llegar entonces a la meta de ese supremo llamamiento que en Cristo Jesús tienes que sin importar los obstáculos que puedas estar atravesando, los venzas en el nombre de Jesús porque El te libertó, rompió las cadenas que te halaban al camino del mal, de pecado, de aquello que solo significa ofensa al Señor Jesucristo.

Por eso discernir correctamente el cuerpo del Señor es tener consciencia a lo que dice este versículo:

Isaías 53:6 (LBA) Todos nosotros **nos descarriamos como ovejas, nos apartamos cada cual por su camino**; pero el SEÑOR hizo que cayera sobre Él la iniquidad de todos nosotros.

Esto lo que significa es que si te descarriaste, Cristo pagó para que vuelvas al camino y que no haya acusación de ningún tipo a consecuencia de esa desviación; me refiero a que si te descarriaste para seguir por el camino de los vicios o de cualquier otra cosa, entonces al volver no haya nada que te pretenda sacar del camino correcto porque con el sacrificio de Jesús, tu caminar será fortalecido para no volver atrás.

Jeremías 10:23 (LBA) Yo sé, oh SEÑOR, **que no depende del hombre su camino**, ni de quien anda el dirigir sus pasos.

Esto significa que tu caminar depende solamente de Dios una vez que has regresado al camino y confías que El tiene todo poder para limpiarte de cualquier contaminación que hayas adquirido fuera del camino el cual es Cristo.

Por eso debes discernir el cuerpo del Señor cada vez que te acercas a Su mesa y reflexionar respecto a los errores que hayas cometido en tu vida, aunque a veces quisieras que el tiempo retroceda para poderlos borrar y olvidar para reiniciar tu caminar; pero como no es posible que lo hagas, eso es algo que está fuera de control humano, entonces en el sacrificio de Jesús, El te perdona y concede una nueva oportunidad para caminar en la verdadera senda; el tiempo ya no retrocede, pero te lleva de regreso al camino; dicho en otras palabras, estando en el presente, te llevan al futuro para que el pasado no tenga ninguna repercusión negativa en tu vida.

Como puedes ver entonces, mientras hubo una guerra espiritual con las 7 palabras pronunciadas por los labios del Señor Jesucristo, con Su cuerpo estaba ministrando tu vida para que fueras llevado a una libertad total, los pies traspasados del Señor Jesucristo te estaban acercando tu futuro camino donde está plagado de bendiciones, lleno del poder de Dios, de cosas que te impresionarán porque no las has visto nunca, no las conoces; son cosas que vienen del futuro hacia tu presente para llevarte a un nivel de vida espiritual que no tenías y que sin conocerlo lo esperabas; porque si bien es cierto que tu nivel de vida espiritual quizá era muy bueno, el siguiente siempre será mejor porque con Dios todo es mejor cada vez.

Los niveles de gloria que puedas experimentar, siempre tendrán una limitación, lo cual te llevará a experimentar algo nuevo en la próxima oportunidad. Por eso es importante la ministración de la Cena del Señor porque te puede llevar a otro nivel donde los problemas que te sucedieron en el nivel anterior, pueden ser sojuzgados, porque no puedes resolver los problemas presentes en el mismo nivel que estás, sino que necesitas escalar al siguiente y luego al siguiente y así sucesivamente. Por eso el sacrificio de Cristo te lleva a recuperar los años perdidos como lo deja ver este versículo:

Joel 2:25 (LBA) Entonces os **compensaré por los años** que ha comido la langosta, el pulgón, el saltón y la oruga, mi gran ejército, que envié contra vosotros.

Piensa entonces por un momento en la repercusión de bendición que trae la ministración de los pies de Jesús cuando fueron atravesados, porque la bendición no es solamente para ti, sino para tus descendientes. La palabra **COMPENSARÉ** puede traducirse como **RESTITUIR**, palabra que significa que nada faltará, nada estará dañado porque Dios hará que tus momentos de dolor y tristeza, ahora los enfoques al memorial del sacrificio de Jesús y estés seguro que los años por venir son mejores que los años que hayas vivido; si crees que los años que has vivido son buenos, los que vienen son aun mejores, con el propósito que no haya quedado nada acerca de tu pasado, sino que todo sea transformado en bendición y que si en algún momento pensaste que todo fue una pérdida de tiempo en el pasado; ahora comprendas que al sentarte a la mesa del Señor Jesucristo, todo representa una ganancia absoluta.

En los primeros capítulos de este libro estuve mencionando un punto acerca de la profecía que se dio en los primeros capítulos de la Biblia, me refiero a que en el libro de **Génesis 3:15** dice claramente que debía cumplirse con la profecía; Jesús tenía que cumplir con esa profecía; el Salmo 22 lo dice pero también el libro de Génesis, donde tácitamente dice que en la Santa Cena puede activar la promesa de Dios dicha en **Génesis 3:15**.

Génesis 3:15 (DHH) Haré que tú y la mujer sean enemigas, lo mismo que tu descendencia y su descendencia. Su descendencia te aplastará la cabeza, **y tú le morderás el talón**.

Aplastar la cabeza significa destruir los planes del enemigo, destruir las estrategias en contra de tu vida; por eso es importante hacer memoria que Cristo cumplió con esa profecía para otorgarte el derecho de libertad y para que todo proyecto que se haya trazado en el infierno, contra ti, pueda ser transformado en bendición; aunque Satanás diga que tiene el mejor plan en contra de tu vida y tu descendencia; en el momento que él lo ponga en marcha, Dios lo transforma para que sea una bendición la que recibas porque el derramamiento de la sangre de Jesús a favor tuyo, rompe la estrategia satánica para transformarla en bendición; dicho en otras palabras, la Santa Cena destruye esquemas diabólicos. Por el eso el Apóstol Pablo dice lo siguiente:

Efesios 6:11 (NTV) Pónganse toda la armadura de Dios para poder **mantenerse firmes contra todas las estrategias del diablo**.

Efesios 6:11 (BLS) Protéjanse con la armadura que Dios les ha dado, y así podrán **resistir los ataques del diablo**.

La idea es, no solamente ponerte la armadura de Dios, sino que puedas discernir de alguna forma, cómo trabaja el diablo, de tal manera que al conocer sus esquemas puedas resistir sus ataques con la armadura de Dios; no tiene mucho sentido el hecho de tener la armadura de Dios si no conoces los esquemas de las tinieblas, de aquí entonces la importancia de conocerlos, descubrir la forma en que el enemigo trabaja porque una vez descubiertos los esquemas, dejan de ser valiosos, todo plan dejó de ser valioso a partir del momento en que son puestas al descubierto, por eso antes de ponerte la armadura, observa lo que dice el Apóstol Pablo:

Efesios 5:11-13 (LBA) Y no participéis en las obras estériles de las tinieblas, **sino más bien, desenmascaradlas**; [12] porque es vergonzoso aun hablar de las cosas que ellos hacen en secreto. [13] Pero todas **las cosas se hacen visibles cuando son expuestas por la luz**, pues todo lo que se hace visible es luz.

Entonces una vez que han sido desenmascaradas las obras estériles de las tinieblas, cuando descubres los esquemas del enemigo, lo que corresponde es que tengas la armadura de Dios para poder resistirlo y ser protagonista de **Génesis 3:15** donde, no solamente habla del Señor Jesucristo, sino que tu, como Su simiente también participes aplastándole la cabeza a la serpiente y desenmascarando sus planes para que no tengan efecto alguno contra la Iglesia del Señor Jesucristo. El hecho de poder resistir, es un poder insustituible en guerra espiritual porque por más esquema que haya trabajado el diablo, una vez expuesto a la luz, fue totalmente debilitado, perdió valor.

David Fluyendo en Lo Profético de Génesis 3:15

En la Biblia puedes ver grandes hombres de Dios que caminaron en pos de aquella profecía donde saldrían vencedores, uno de ellos es David. Por eso, cuando tengas la convicción que Dios te haya hablado respecto a que camines en pos de obedecer a Su palabra, sabiendo que será en cumplimiento de una profecía; sencillamente lo que te corresponde es obedecer y sin importar quién se pueda levantar en contra tuya, verás la poderosa mano de Dios a tu favor.

David destruyó 5 gigantes, dicho en otras palabras, se apropió de la profecía de **Génesis 3:15** para aplicarla o ponerla por obra y que la simiente de la serpiente fuera aplastada, porque debes recordar que los gigantes eran simiente de la serpiente, de manera que David destruyó literalmente la simiente de la serpiente y Jesús destruyó la simiente espiritual de la serpiente. Ahora tú, destruirás de igual forma la simiente de la serpiente por ataques a tu alma, pero usando la estrategia de desenmascarar todos los esquemas diabólicos que pretenda usar en contra de la Iglesia del Señor Jesucristo, pero todo está basando en el poder de Jesús, en el derecho que El te otorgó cuando fue a la cruz del calvario.

1 Samuel 17:54 (LBA) Entonces David tomó la cabeza del filisteo y la llevó a Jerusalén, pero puso sus armas en su tienda.

Este es un versículo que hace en alusión a la batalla que libró David contra Goliat, donde David lo mató y después de eso fluyó en lo profético. Este punto también lo mencioné en los primeros capítulos y quizá lo describí con más detalle, pero no puedo dejar de mencionarlo porque es parte de la importancia del repartimiento del cuerpo del Señor donde Sus pies fueron atravesados.

Respecto a la cabeza de Goliat; según algunos estudiosos, David llevó la cabeza de Goliat a un monte, estando Jerusalén rodeada de 7 montes, David llevó la cabeza de Goliat a un monte que tomó el nombre de Monte Calvario o Monte de la Calavera. Ahora bien, como has de recordar, cuando crucificaron a Jesús, escogieron el Monte de la Calavera o llamado en hebreo, Gólgota.

Juan 19:17-18 (LBA) Tomaron, pues, a Jesús, y Él salió cargando su cruz al *sitio* llamado el Lugar de la **Calavera**, que en hebreo se dice **Gólgota**, [18] **donde le crucificaron**, y con Él a otros dos, uno a cada lado y Jesús en medio.

Algunos estudiosos dicen que ese monte fue llamado de esa forma porque ahí era donde iban a tirar los cadáveres de aquel entonces; pero entonces, si habían muchos huesos de cuerpos humanos, incluía la cabeza, entonces el nombre debió ser en plural, no en singular; sin embargo se enfocaron en nombrarlo Monte de la Calavera, la pregunta es: ¿calavera de quién?, tuvo que ser la cabeza de Goliat, razón por la cual nombraron a ese monte Gólgota. Como vuelvo a repetir, esto lo expliqué al hablar de las 7 palabras que Jesús pronuncio el la cruz del calvario, pero es necesario hacerlo mención para que quede clara la importancia de cada detalle y el por qué de cada cosa.

Goliat y Gólgota

La explicación de la palabra Gólgota es la siguiente:

La Biblia dice que Goliat era de Gat, lo cual te lleva a ver lo siguiente:

1. Goliat de Gat, abreviado es **Gol-Gat-ah.**
2. En ingles es, **Goliath de Gath**, abreviado es **Gol-gath-ah.**

Dicho esto, puedo decir entonces que se llamó el Monte de la Calavera porque David estaba siendo partícipe del cumplimiento de aquella profecía en **Génesis 3:15**, porque David guiado por el Espíritu de Dios, sabía que el Hijo cumpliría la profecía donde el plan del Padre tendría lugar y que entonces de los pies de Jesús se derramaría la sangre poderosa sobre la cabeza de aquella simiente de la serpiente que había sido sepultada en aquel mismo lugar.

El Señor Jesucristo tenía que derrotar a la serpiente y su simiente espiritual, para darte el derecho de poder sentir el respaldo en guerra espiritual y en cada oportunidad que te acercas a la mesa del Señor Jesucristo para participar del pan y del vino, Su cuerpo y Su sangre, y cuando traes a tu memoria que los pies de Jesús fueron traspasados; puedes tener la convicción que tienes el derecho para destruir todo esquema de las tinieblas en contra tuya y de tu simiente.

Es interesante que dentro de los montes que rodeaban a Jerusalén, el menos importante, el más ignorado por el uso que se le daba, ahí Dios llevó a consumar el plan divino donde toda la humanidad tendría la oportunidad de vida eterna; el monte más ignorado llegó a perpetuarse por lo que hoy significa a tu vida.

Lo único que se sabía era que David había enterrado ahí la cabeza de Goliat, pero nadie sabía la razón, aun ni Satanás que puede tener mucho conocimiento acerca de los secretos de Dios, no supo descifrar el plan que el Padre había hecho para que lo realizara el Hijo y que con el poder del Espíritu Santo hoy sigue vigente el efecto de ese sacrificio.

En el monte más despreciado y considerado hasta inmundo, es levantado el Señor Jesucristo para arrebatarle las llaves de la muerte al que tenía el imperio de la muerte, es decir el diablo **(Hebreos 2:14-15 R60)**, y entonces desde aquel entonces queda vigente el derecho de devolverte la autoridad para permanecer, resistir y destruir las obras de las tinieblas en el nombre de Jesús.

Los Gigantes Simiente de la Serpiente

1.- EL GIGANTE GOLIAT

Goliat de Gat representa un espíritu de guerra para cumplir los siguientes objetivos:

1. Motivar las emociones tales como el odio, el racismo, la rivalidad.
2. Está detrás de toda guerra sea convencional y/o espiritual.

Pero al acercarte a la mesa del Señor, todo eso se puede anular en el nombre de Jesús. Quizá has estado batallando con guerras que no tienes ni la menor idea del por qué han llegado, pero lo que te devuelven al acercarte a la mesa del Señor, es la autoridad para poder pisotear la cabeza de la simiente de la serpiente y anular esa guerra, sea espiritual o convencional; quizá has tenido problemas con gente que regularmente tienes cerca en tu hogar, en tu trabajo, estudios, aun en la congregación y de pronto se levantan en contra tuya; en la mesa del Señor Jesucristo encontrarás el poder que te da la sangre de Jesús para destruir con tus pies, las obras infructuosas de las tinieblas porque Jesús venció por ti; no destruirás a las personas, sino los planes de las tinieblas para que no sigan avanzando y la paz vuelva al lugar donde estés.

2.- EL GIGANTE SAF Ó SIPAI

Saf o Sipai significa: El que guarda o se sitúa en el umbral. Aunque también lo viste anteriormente, lo dejaré como referencia para que sepas lo que queda anulado en tu vida por lo que hace a lo que se dedica:

1. Bloquea o impide que haya progreso en la vida.
2. Provoca que la gente se desespere porque su vida no mejora o no cambia la situación negativa.
3. Hay potestades que son los gigantes y se colocan a las puertas de la tierra santa (Jerusalén).
4. A las puertas o entradas a Canaán.

Otra de las cosas que podrás recordar respecto a los gigantes es que en algún momento sitiaron a Jerusalén, tenían rodeado al pueblo de Dios en los 4 puntos cardinales; cerraron los accesos principales para llegar a Jerusalén porque para ellos tenía una representación muy importante. Espiritualmente esto lo que significa es que bloquean las bendiciones para que no lleguen a tu corazón, a tu familia; pero con la fe en Dios en lo que representa la Santa Cena, se rompen todos los bloqueos.

3.- EL GIGANTE LAHMI

Lahmi significa: "Mi pan", viene de la raíz LECHEM.

1. Lechem significa pan, comida, alimentos, provisión.
2. Manipula las finanzas de una persona, familias, hogares, etc.
3. Este espíritu afecta los recursos.
4. Provoca las caídas financieras en las personas.
5. Es un espíritu de pobreza, de escases, miseria.

Todo esto fue a lo que Jesús le puso Su pie sobre la cabeza de la simiente de la serpiente para devolverte a ti el derecho de una vida positiva y llena del favor de Dios.

4.- LOS GIGANTES ZOMZÓMEOS

Zomzomeos significa: Conspiradores (Deuteronomio 2:20).

1. Diseñadores o planificadores de mala intenciones.

5.- LOS GIGANTES REPHAIM

Rephaim significa: Gigantes.

1. Viene de la raíz rapha que significa: el que sana toda dolencia.
2. En contra parte, estos gigantes operan con espíritu de enfermedad hasta de muerte de espíritu, alma y cuerpo.
3. Ministración demoníaca de enfermedad.

Insisto en que todo este esquema fue el que Jesús pisoteo estando en la cruz del calvario, esto es guerra espiritual; pronunció 7 palabras que decretaron libertad a tu vida, pero también rompió con lo que el enemigo tenía planificado como un esquema en contra tuya y de tu simiente; por eso no puedes ver la Santa Cena como un rito religioso; esto es un acto de amor que también es guerra espiritual a favor tuyo.

La Mano de Dios al Talón

En el capítulo anterior estudiaste respecto a los beneficio que alcanzas en la Santa Cena por el repartimiento específicamente en la mano de Jesús, ahora estás aprendiendo respecto a los pies del Señor; pero entonces es aquí donde debes ver la operación sobrenatural de Jesús solamente en las manos y los pies, porque aun nos falta ver mucho, pero solamente con estos 2 miembros victoriosos del Señor Jesucristo, alcanzaste a recibir una bendición indescriptible; por eso es necesario discernir el cuerpo del Señor en cuanto a Sus manos y pies para que puedas ver la posición en la que te ha dejado Dios cuando tienes fe en el sacrificio que el Padre envió al Hijo a cumplir por amor a ti.

El sacrificio de Cristo te ofrece protección divina en tu caminar; dicho en otras palabras, a donde tu vayas te seguirá el Señor. ¿Sabes por qué no te va bien cuando te apartas de los caminos del Señor?, porque El te está estorbando el pecado, porque la mano de Dios está sujetando tu talón; Jesús unió esas 2 dimensiones en la cruz del calvario, la mano de Dios sujetando tu talón.

Ahora observa esto: el nombre de Jacob era la marca de Dios que lo llevaría por el camino de su destino. Teológicamente se ha enseñado que el nombre de Jacob significa, suplantador, pero ese fue el sobrenombre que le puso su hermano. Al ver un poco de historia puedes notar que en aquel entonces el nombre de una persona estaba relacionado con el evento ocurrido durante su nacimiento, por lo tanto lo que necesitamos entonces es analizar lo que sucedió mientras nació Jacob y su hermano Esaú:

Génesis 25:24-26 (LBA) Y cuando se cumplieron los días de dar a luz, he aquí, *había* mellizos en su seno. 25 Salió el primero rojizo, todo velludo como una pelliza, y lo llamaron Esaú. [26] Y después salió su hermano, con su mano asida al talón de Esaú, y lo llamaron Jacob. Isaac *tenía* sesenta años cuando ella los dio a luz.

Esaú entonces está relacionado al hecho que era rojizo y velludo; pero cuando notas lo que sucedió cuando nace Jacob, dice claramente que su mano estaba trabada, como lo dice esta versión de la Biblia:

Génesis 25:26 (R60) Después salió su hermano, **trabada su mano al calcañar de Esaú**; y fue llamado su nombre Jacob. Y era Isaac de edad de sesenta años cuando ella los dio a luz.

Cuando estudias qué mano estaba trabada al calcañar de Esaú, puedes notar que era la mano derecha; era la mano de Dios extendida y abierta, no fue la mano izquierda y cerrada; era la mano derecha, la mano que trae salvación, unción, provisión, protección, beneficio, recursos. Entonces, ¿por qué llamaron a Jacob de esa forma?, usando el sistema antiguo que usaron sus papás, se puede interpretar de la siguiente forma en ambos nombres:

Sistema de Interpretación

Esaú

Cuando salió el primero, fue rojizo, velludo como pelliza y lo llamaron Esaú que significa Velludo. El nombre de Esaú se debió a lo que sus padres vieron en su hijo al nacer. Más tarde Jacob le puso de apodo Edom = rojizo o rojo y se conoció así **(Génesis 25:30; 36:8)**.

Jacob

Cuando salió el segundo, nació con la mano al talón y lo llamaron Jacob. En el mismo sentido que Esaú, sus padres lo que vieron en Jacob, así lo llamaron. Jacob es la contracción de la letra **YOD**, que significa mano, derecha y abierta. La palabra **"Ak-ob"** que significa talón. La mano al talón es **Ya-acov** pronunciado al español es Jacob.

Esto lo que significa es que en el sacrificio de Jesús, estaba dando el beneficio de poner Su mano a tu talón para proteger el caminar de tu vida; o sea que Dios protegió a Jacob durante 20 años, vivió errante, como vagabundo, fuera de su lugar; aunque Jacob no sintió que Dios estuviera con él, fue así; para que finalmente lo llevara al momento de cambiarle el nombre de Jacob a Israel. Esto lo que representa es que en el sacrificio de la cruz del calvario donde traspasaron las manos y pies de Jesús; tu caminar tiene protección divina y la mano de Dios te guiará en todo momento hasta que llegues al tiempo en que te cambiarán el nombre que te está esperando cuando llegues a la presencia de Dios.

Por eso, aunque llegues a pensar que Dios no está en medio de tus problemas y que te dejó solo, no es así, El estará contigo siempre porque eso fue lo que prometió, Jesús está guiando tus pasos y cuando peor te vaya, es porque está estorbando el riesgo de camino de pecado en el que te puedas ver. Si quieres verlo con un pensamiento humano; fue más duro el sacrificio de Jesús en la cruz, que hoy librarte de que seas desviado del camino, por eso debes ver la Santa Cena como la oportunidad de renovar tus fuerzas para seguir adelante en medio de la tormenta que sea; Dios te lleva del talón para que no te desvíes y en cada oportunidad que te acerques a Su mesa, hazlo en memoria de El por todo lo que hizo por ti.

Jesús cumplió con todo para que hoy tengas vida eterna, tu caminar está protegido porque ya pagó, lo único que necesitas es hacer efectivo ese sacrificio y decir al levantar la copa de Su sangre: **en memoria del Señor Jesucristo…** con esto estás trayendo a memoria y tácitamente, cada segundo que padeció Jesús en la cruz del calvario por amor a ti. Los judíos tuvieron la oportunidad de aprovechar al que tuvieron entre ellos, aun antes de Jesús llegar entre Su pueblo biológico; cuando ellos celebraban la pascua, lo hacían como una sombra de lo que el Señor padecería en la cruz, toda la forma en que anualmente sacrificaban al cordero, lo padeció Jesús, el Cordero de Dios. En la mesa de los judíos estaba hablando Dios acerca de la mesa del Señor, pero no lo discernieron y consecuentemente no pudieron participar del pan y del vino.

No tienes por qué vivir con miedos ni creer que no alcanzarás tu destino; hay una mano que tiene sujetado tu talón, llegarás a tu meta, tu destino; pero debes tener la fe necesaria al acercarte a la mesa bendita del Señor Jesucristo donde Su cuerpo y sangre esperan por ti; como esos elementos no hay nada que pueda resistirse.

La Batalla Que Te Hereda Victoria

Capítulo 7

Una de las grandes victorias que puedes alcanzar en todo momento en tu vida, es teniendo claro el significado de lo que dice la Biblia: **...por sus llagas somos sanados...** conocer la profundidad de lo que esto significa, porque cuando observas en el libro del Profeta **Isaías 53**, se mencionan 3 palabras que puedo decir, son claves porque El pagó por tus dolores, quitó tus iniquidades y por Sus llagas has sido sanado; estudiando en los diccionarios que hacen referencia al significado en el idioma hebreo, puedes llegar a comprender que el sacrificio de Jesús en la cruz del calvario, te permiten alcanzar una sanidad completa en espíritu, alma y cuerpo.

Cuando menciono enfermedades y hago referencia a espíritu, alma y cuerpo, quizá te pueda llamar más la atención el hecho de la sanidad en el cuerpo porque es lo que puedes ver y lo que oportunamente parecería que más padecimiento tiene, aunque como has podido ver a lo largo de todo el equipamiento para combatientes de liberación; todo lo que aqueja el cuerpo, es solamente una repercusión de los problemas en el alma y eso a su vez por situaciones emocionales negativas, por eso la sanidad interior debe abarcar tu ser integral y que sea sanada la raíz para que tu corazón pueda reflejar en tu rostro lo que llevas dentro de ti.

Recuerda lo que aprendiste en los libros anteriores, principalmente en los más recientes: **"El Origen del Alma"** y **"El Alma viviente"**; estuve enseñándote mucho respecto a la sanidad interior que se hace tan necesaria para poder arrancar de raíz los problemas en el alma y así puedas tener una total sanidad, para que todo aquello que pudo significar un daño emocional, sentimental, traumas, heridas, etc., sea sanado y como también puedes recordar, no siga abierta una herida sangrante emanando amargura, sino que, si acaso haya una cicatriz la cual puede servir para testificar del poder de Dios para sanar cualquier cosa que haya en el alma.

Por otro lado, también puedes ver la sanidad en tu espíritu al referirse a las iniquidades de las que pudiste ser víctima en manos del adversario. Por eso, con el sacrificio de Jesús en la cruz del calvario, te garantiza que puedas alcanzar una restauración total cuando aceptas la invitación para sentarte a la mesa del Señor y participar del pan y vino, porque si aun estás falto de algún tipo de ministración en tu ser, ahí lo puedes alcanzar; por eso no puedes menospreciar la oportunidad que se presenta para participar de la Santa Cena porque quizá haya cosas que aun desconoces que necesitan de la restauración de tu vida, y en esa oportunidad que tengas, lo alcanzarás o serás fortalecido para no volver atrás en ningún momento.

Aunque el enfoque de la ministración bajo la cual Dios me permite bendecirte, tampoco puedo dejar de mencionar que vivimos en los tiempos finales, aquello que los profetas del Antiguo Testamento dijeron un día: ...en aquellos días... como haciendo referencia a que faltaba mucho tiempo para que tuvieran lugar las profecías que pronunciaron y quedaron escritas en la Biblia; debes saber que ese tiempo finamente llegó, lo que en el pasado fue visto como un futuro lejano, hoy es tu presente, tu diario vivir; un tiempo sumamente bendecido porque puedes ver el cumplimiento de tanta profecía, pero también peligroso porque Satanás anda como león rugiente viendo a quién devorar, a quién engañar.

Por eso es necesario que la ministración de la Santa Cena tenga la importancia necesaria, que consideres todo lo que estás aprendiendo en este libro porque en la mesa del Señor está la llave que te puede catapultar al cambio radical que necesitas para ser protagonista de las Bodas del Cordero, no ser un invitado, sino protagonista a la par del Señor

Jesucristo, dicho en otras palabras, para que alcances el nivel espiritual que te ubicará como la Iglesia novia que se casará con El.

Insisto, debes trabajar en todo tu ser en pos de alcanzar a que las heridas que puedas tener, sean sanadas y aunque haya cicatriz, eso en todo caso será el reflejo del proceso que le permitiste trabajar a Dios en tu vida.

Iniciaré entonces con la primera cita que utilizaré para el desarrollo de lo que aprenderás en este capítulo:

Isaías 53:5 (LBA) Mas Él fue herido por nuestras transgresiones, molido por nuestras iniquidades. El castigo, por nuestra paz, *cayó* sobre Él, **y por sus heridas hemos sido sanados**.

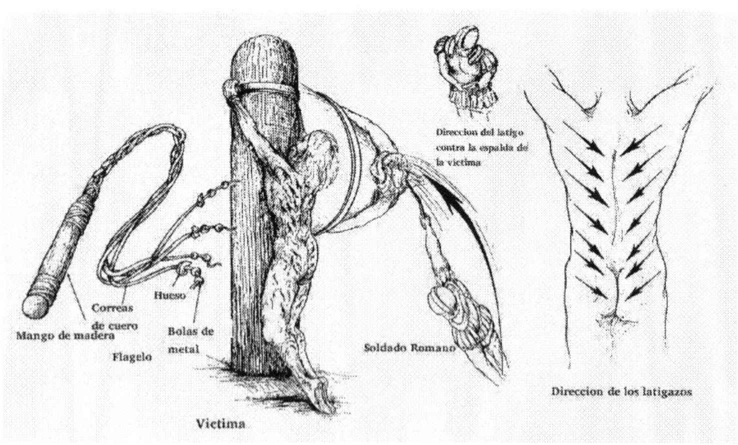

A lo largo de la historia de la humanidad, han surgido personas que se han dado a la tarea de hacer películas acerca de la vida de Jesús; algunos la presentan desde Su nacimiento, otros a partir de cuando El tenía 30 años aproximadamente, etc., pero quizá las más impactantes han sido las escenas donde se presenta el sacrificio de Jesús, desde los azotes, la tortura que padeció hasta el momento en el que figuran Su muerte en la cruz.

Sin embargo, según los estudiosos, no hay quién pueda imaginar la realidad de lo que el Señor padeció, a lo más que han llegado es a presentar en una película, son las marcas de latigazos en el cuerpo de Jesús, sin embargo lo que se ha logrado investigar es que el látigo que usaban los romanos en la antigüedad, en la punta con la que azotaban a sus víctimas, tenían pequeñas piezas de hueso quebrado y bolas de acero, de tal forma que cuando ellos lanzaban el latigazo, se quedaba incrustado en el cuerpo de la persona que estaban torturando y al halarlo le desprendían piel y carne del cuerpo y obviamente la carne de su cuerpo quedaba expuesta totalmente y sangrando.

Ahora bien, cuando el Señor Jesucristo resucitó, cuando se levantó del lago de fuego, de la muerte segunda; aun tenía Sus heridas, por eso uno de los discípulos le expresó que hasta tocar las heridas de Sus manos y de Su costado, entonces creería que El era el Señor, pero aunque no era el momento de estar pidiendo ese tipo de cosas, el Señor accede a su petición. Incluso hay un pasaje que es considerado como escritura milenial respecto a esto mismo, que aun resucitado lleva Sus heridas; es más, se supone que aun en el tiempo del reinado de Cristo, El tendrá las heridas.

Zacarías 13:6 (LBA) Y *alguien* le dirá: "¿Qué son esas heridas en tu cuerpo?" Y él responderá: "*Son aquéllas* con que fui herido en casa de mis amigos."

Esto significa que, si El Señor resucita aun con Sus heridas; puedo ver entonces el por qué de la importancia de hacer memoria y discernir correctamente el cuerpo del Señor. Cuando el Apóstol Pablo está trasladando la revelación a la Iglesia de Corinto, está compartiendo las indicaciones correctas e impresionantes basadas en la revelación que recibió para participar de la mesa del Señor de la forma correcta, él mismo establece en **1 Corintios 11:23** en adelante, la razón de ciertas cosas que suceden a los que participan de la mesa sin haber discernido correctamente; es lo opuesto a lo que la cena del Señor ministra a tu vida.

Puedo decir entonces que si bien es cierto que los beneficios que puedes encontrar a la mesa del Señor son indescriptibles, podría ser que los pierdas y acreditarte las consecuencias de no discernir correctamente el cuerpo del Señor.

1 Corintios 11:29-30 (LBA) Porque el que come y bebe sin discernir correctamente el cuerpo *del Señor,* come y bebe juicio para sí. **30** Por esta razón hay muchos **débiles** y **enfermos** entre vosotros, y **muchos duermen**.

Pero también habla de un juicio que se supone a sido abolido en el sacrificio de Jesús donde para que ya no estés sometido a ningún juicio (aunque puedo comprender que hay juicios correctivos y juicios definitivos), en el corazón de Dios estuvo el deseo que todo juicio que exista, no lo alcances porque el Hijo pagó por ti y por mí; por eso fuiste alcanzado por el Señor, para librarte de todo juicio, de manera que si en algún momento te ves en medio de lo que describe el versículo 30, simplemente es porque no estás siguiendo las instrucciones como dice la Biblia, lo cual es tan sencillo como disciplinado hacerlo porque **si obedeces a Su palabra, tienes fortaleza, sanidad y vida eterna, pero si no estás a cuentas con el Señor, puedes debilitarte, padecer de enfermedades y consecuentemente morir**.

De aquí la importancia de aprender a discernir correctamente el cuerpo del Señor, recuerda que es necesario que tengas una dieta equilibrada; no puedes pretender estar nutrido solamente de una cosa, es necesario aprender todo lo que el Señor desea que haya en ti, con el propósito de alcanzar la bendición completa pero, insisto; debes estar consciente del profundo significado del sacrificio del Señor Jesucristo, porque si El tomó tu lugar, ahora lo menos que puedes hacer es honrarlo y al acercarte a Su mesa, participar del pan y del vino en memoria de El, de todo Su sacrificio.

La Crucifixión

Miles de años atrás fue profetizada la crucifixión de Jesús, el Salmo que habla de ese sufrimiento, es el **Salmo 22:1, 8, 14, 16, 18**; lo explicaré más adelante, aunque en los capítulos anteriores lo expliqué ampliamente.

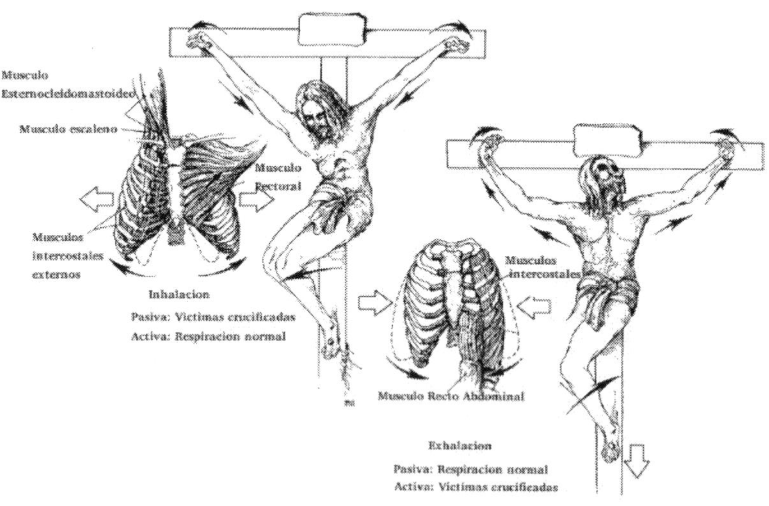

Como recordarás, también pudiste aprender los beneficios acerca de las heridas en las manos y pies del Señor, ahora quiero enseñarte respecto a Su cabeza:

La Corona de Espinas

Mateo 27:29-30 (LBA) Y tejiendo **una corona de espinas, se la pusieron sobre su cabeza**, y una caña en su *mano* derecha; y arrodillándose delante de Él, le hacían burla, diciendo: ¡Salve, Rey de los judíos! [30] Y escupiéndole, tomaban la caña y le golpeaban en la cabeza.

¿Qué significado tienen las heridas de Su cabeza?

¿Qué poder recibes que abarca la remisión y redención de pecados?

Remisión es el perdón que recibes y redención es el rescate de tu vida; por eso el diablo no te puede destruir, inclusive desde antes de llegar a Cristo, aunque de pronto te has visto en peligros de muerte, Dios pagó por ti, dejó un pago anticipado por el recate de tu vida porque en Su corazón está considerado que eres de las personas indicadas para discernir correctamente el cuerpo del Señor y que todo lo que recibirás de Su mesa son beneficios no condenación, porque siendo de los creyentes del tiempo final, has tenido la oportunidad de ver el cumplimiento de tanta profecía escatológica, eso te deja en ventaja en comparación a los antiguos, no solamente a los que vivieron hace 2000 años, sino que, aun en ventaja de los que vivieron hace 100 años, no tuvieron tanta bendición como la que hoy estás recibiendo.

Porque así como puedes tener mayor entendimiento de los eventos del final de los tiempos, de igual forma puedes comprender con mayor claridad, la profundidad de lo que significa el sacrificio del Señor Jesucristo, aunque esto también te deja en un punto de mayor responsabilidad, porque dice la Biblia que al que más se le da, más se le demanda.

Por eso, cuando dice la Biblia que hagas memoria de lo que pagó Jesús por ti, es tener claro el panorama de las partes del cuerpo del Señor que sufrieron una herida y que cada parte donde se derramó la sangre preciosa del Señor, son las áreas que El protege, cuida, bendice, sana, restaura y que son alcanzadas por el poder de Su sangre, por eso esas áreas son significativas en tu vida como lo puede ser el hecho de las obras y el caminar, o sea, lo que ya viste como lo son las manos y pies del Señor.

Por eso, cuando el diablo lo golpeó en la cabeza y lo hirió, en ese momento se activó la bendición por la cual hoy tienes derecho a la sanidad total en tu vida. Realmente si el diablo hubiera sabido lo que significaba cada golpe a Jesús, no lo hubieran golpeado, menos aun crucificarlo porque con Su muerte te dio vida.

Las Espinas

Esto está relacionado con la maldición de la Tierra por causa de la caída de Adán.

Génesis 3:18-19 (LBA) Espinos y abrojos te producirá, y comerás de las plantas del campo. [19] Con el sudor de tu rostro comerás *el* pan hasta que vuelvas a la tierra, porque de ella fuiste tomado; pues polvo eres, y al polvo volverás.

Las espinas están íntimamente relacionadas con una maldición; ahora observa este versículo:

Hebreos 6:8 (LBA) …pero si produce espinos y abrojos no vale nada, está próxima a ser maldecida, y termina por ser quemada.

Satanás sabía que la corona de espinas estaba relacionado con la maldición y el único que podía quitar esa maldición, era Jesús poniendo Su cabeza, para que las espinas fueran usadas como maldición por última vez sobre la humanidad y el creyente para romper ese vínculo; porque según el efecto que puede causar una maldición, por ser una energía desatada, es una palabra putrefacta que se envía sobre personas, es una palabra que el Apóstol Pablo menciona **-LOGOS SAPROS-** lo cual significa **PALABRA NEGATIVA QUE SE HACE CARNE EN EL OBJETIVO DONDE ES ENVIADA A TRAVÉS DE UNA MALDICIÓN, HECHIZO O AGÜERO**.

Por eso, cuando Jesús pone Su cabeza para que le pongan la corona de espinas, está finalizando el proceso de toda posibilidad que haya de maldición sobre un creyente para que en su lugar, llegue el rhema divino, la palabra que se hace vida, el mismo Señor Jesucristo en tu corazón. Debo insistir en que no es posible que la Santa Cena se vea como un rito religioso; en el sacrificio que hizo Jesús hay un poder inigualable y como nunca más lo habrá.

Todo esto es extraordinario, saber que aun el diablo cuando quiso estropearle el plan divino al Padre, lo que hizo fue poner en marcha lo que traería bendición a tu vida; eso no lo puede comprender Satanás, como tampoco el hecho que del lago de fuego sale el Señor con bendición a tu vida y por eso sigue trabajando para perfeccionar tu vida; es lo mismo que sucedía con los hebreos en Egipto, entre más los oprimían, más se multiplicaban; contigo es, entre más te acecha el diablo, más te consagras, eso no lo puede asimilar el diablo ni lo asimilará jamás.

Por eso es importantísimo que puedas discernir el cuerpo del Señor, con el propósito que en el momento en que alguien profiera una maldición en contra tuya; sepas que Dios la transformará en bendición y aunque con tus ojos naturales veas otra cosa, Dios ya trabajó en pos de esa transformación pero es necesario que llegues a ese entendimiento con el propósito que se cumpla este versículo en tu vida:

2 Crónicas 20:17 (LBA) "No *necesitáis* pelear en esta *batalla;* apostaos y estad quietos, y ved la salvación del SEÑOR con vosotros, oh Judá y Jerusalén." **No temáis ni os acobardéis**; salid mañana al encuentro de ellos **porque el SEÑOR está con vosotros**.

Recuerda que Dios dijo que la venganza era Suya, El ya pagó; deja que sea quien cobre y deja que todo obre a bien en tu vida porque de esa forma estás manifestando que has discernido adecuadamente el cuerpo del Señor, lo cual vuelve a tomar vigencia desde que participas de la mesa del Señor, hasta la siguiente vez y así sucesivamente sin quedarte fuera de la protección que Dios ya dictó en la Santa Cena.

La Caña

Mateo 27:30 (LBA) Y escupiéndole, tomaban la caña y le golpeaban en la cabeza.

Debes recordar que los romanos eran expertos en torturas, en causar daño a su oponente, de tal manera que cuando ellos golpeaban a una persona, no era con el propósito de persuadirlo solamente, sino que el daño que ellos buscaban hacer era directo, quitarle la vida a la persona que estaban golpeando; los romanos eran expertos en crucifixión.

El propósito entonces de golpear la cabeza del Señor era que se le destruyeran las neuronas al Señor Jesucristo, no era solamente romper el cráneo de Jesús y verlo sangrar; sino que el Señor experimentara períodos de amnesia o de olvido, respecto al sacrificio que estaba cumpliendo, pero El debía pasar por esa etapa de prueba para poderte ministrar y poder establecer una demanda de tener memoria de ese sacrificio; por eso cuando El dice: **...haced esto en memoria de mi...** no es una opción; por eso El demanda que no olvidemos Su sacrificio porque todo lo que hizo fue consciente de todo, con el más grande dolor, pero claro y lúcido de lo que estaba logrando y con las profecías presentes de lo que se había dicho en Génesis y Salmos respecto a Su sacrificio.

El Cerebro

Según los médicos, al romper un cráneo, se rompen las células del cerebro, o sea las neuronas. Al golpearse el cráneo se forma un coágulo de sangre que mata las neuronas por la presión. Las células del cerebro al morirse no se vuelven a reproducir como otras del cuerpo. Una neurona contiene datos que al golpearse se mueren y borra el dato almacenado, dicho en otras palabras, hay pérdida de memoria. Por eso los golpes en la cabeza de Jesús, eran una estrategia satánica para que abandonara todo plan que tuviera en Su corazón y el plan divino se quedara sin cumplimiento.

Ningún hombre podrá jamás pasar por el sacrificio que pasó Jesús; pero si hipotéticamente así fuera, también tendría que morir, resucitar, bajar al lago de fuego, pasar 3 días con sus noches ahí y levantarse de las cenizas; lo cual ni el diablo podrá hacerlo jamás. Jesús padeció y se mantuvo firme en el llamado que le hizo el Padre para cumplir lo que estaba escrito acerca de El. Con todo esto hay un mensaje tácito de parte del Señor Jesucristo que dice: **Yo pagué por ti un pago que no podrías**

hacer; ahora recuerda cada cosa que hice cuando te acerques a mi mesa.

Isaías 53:5 (NBH) Pero El fue herido (traspasado) por nuestras transgresiones, Molido por nuestras iniquidades. El castigo, por nuestra paz, cayó sobre El, Y por Sus heridas (llagas) hemos sido sanados.

Salmos 22:1 (LBA) Dios mío, Dios mío, ¿por qué me has abandonado? *¿Por qué estás tan* lejos de mi salvación *y* de las palabras de mi clamor?

Salmos 22:14 (LBA) Soy derramado como agua, y todos mis huesos están descoyuntados; mi corazón es como cera; se derrite en medio de mis entrañas.

Salmos 22:16-18 (LBA) Porque perros me han rodeado; me ha cercado cuadrilla de malhechores; me horadaron las manos y los pies. [17] Puedo contar todos mis huesos. Ellos me miran, me observan; **[18]** reparten mis vestidos entre sí, y sobre mi ropa echan suertes.

Por eso el apóstol Pablo, al dar indicaciones acerca del pan y el vino, el cuerpo y la sangre de Cristo, dice que se haga **en MEMORIA de Cristo**.

1 Corintios 11:24-25 (LBA) …y después de dar gracias, *lo* partió y dijo: Esto es mi cuerpo que es para vosotros; haced esto en memoria de mí. **[25]** De la misma manera *tomó* también la copa después de haber cenado, diciendo: Esta copa es el nuevo pacto en mi sangre; haced esto cuantas veces *la* bebáis en memoria de mí.

Jesús peleó una batalla para no caer en amnesia y así entonces mantener la MEMORIA de Su función como redentor por ti y que no olvides lo que El hizo por amor a ti. Si el Señor hubiera sido afectado en Su memoria por los golpes y la destrucción de Sus neuronas, jamás hubiera dicho **CONSUMADO ES…** esa palabra era clave, también la expliqué en los capítulos anteriores en este mismo libro; cuando la dijo, fue como poner un sello de perfección en todo lo que hizo, porque nada ni nadie lo pudieron desviar de todo Su propósito para que ahora lo recuerdes cada vez que participes de la mesa del Señor.

Con el sacrificio que Jesús tuvo al padecer los golpes de Su cabeza, tus neuronas son reactivadas, al punto que inclusive algunas cosas que escuchaste en la escuela del Padre **(Juan 6:45)**, serán recordadas como si las hubieras escuchado ayer, con el propósito de recuperar tu verdadera identidad, pero no solamente como creación de Dios, sino como hijo de Dios.

La Sed

Juan 19:28-30 (LBA) Después de esto, sabiendo
Jesús que todo se había ya consumado, para que se
cumpliera la Escritura, dijo: Tengo sed. [29] Había
allí una vasija llena de vinagre; colocaron, pues,
una esponja empapada del vinagre en *una rama de*
hisopo, y se la acercaron a la boca. [30] Entonces
Jesús, cuando hubo tomado el vinagre, dijo:
¡Consumado es! E inclinando la cabeza, entregó el
espíritu.

Estuve investigando el por qué Jesús rechazó el vinagre en las primeras oportunidades cuando dijo que tenía sed y por qué el vinagre. Resulta que los romanos dentro de todo su proceso de lo que hacían con sus víctimas, le añadían un químico para que aunado a lo que pudiera producir el vinagre, la gente moribunda empezara a tener alucinaciones o que estuvieran en un proceso de delirio, que estuviera en un momento de lagunas mentales. Esto lo que buscaba era que Jesús olvidara el plan del Padre; pero Jesús se niega en las 2 veces anteriores y cuando toma, termina diciendo la palabra que certificaría que había terminado con todo lo que hasta ese momento en esta dimensión habría de cumplir.

Jesús rechazó el vinagre porque era una sustancia con alto grado de alcohol y eso también destruye las neuronas y hace perder la memoria.

Produce lagunas mentales y delirium tremens.

Estado mental: desorientación, pérdida de memoria, efecto plano, imposibilidad de concentración.

Esa bebida se la daban a los moribundos y era algo como la morfina que hoy dan para que la gente no sienta el dolor.

Proverbios 31:6-7 (LBA) Dad bebida fuerte al que está pereciendo, y vino a los amargados de alma. [7] Que beba y se olvide de su pobreza, y no recuerde más su aflicción.

Lo que estaban tratando era dejarlo inconsciente de la razón por la cual estaba ahí, es decir afectar nuevamente su memoria con el vinagre, no concluir con el plan divino del Padre, no pronunciar las 7 palabras de guerra espiritual que habría de declarar a favor tuyo; pero aun estando con el mayor dolor que pudo tener, no perdió nada de lo que debía terminar de hacer, estuvo lúcido para completar el proceso de tu redención para ahora poderte decir: **has memoria de El**.

De tal manera que hoy ninguna maldición puede afectar tu memoria respecto a ese sacrificio que requiere mantener la fe y una perspectiva clara de cada vez que te reúnes para celebrar Santa Cena, siempre alcanzarás a vivir algo nuevo sobre ti.

Dios restaurará las neuronas que puedas tener dañadas por cualquier razón, El trabajará de forma divina en tu cabeza para que sean disipados los problemas de estrés, esquizofrenia, eliminada toda posibilidad de enfermedades mentales, será limitado todo problema de derrame cerebral, todo eso lo puedes recibir por el sacrificio que Jesús hizo en la cruz del calvario.

Tu mente es bendecida en la mesa del Señor porque ahí reposa la mente de Cristo; por eso el Apóstol Pablo dice:

1 Corintios 2:16 (LBA) Porque ¿QUIÉN HA CONOCIDO LA MENTE DEL SEÑOR, PARA QUE LE INSTRUYA? Mas nosotros **tenemos la mente de Cristo**.

La mente de Cristo la necesitas como un receptor y que cuando Dios derrame pensamientos altos del Padre, tu memoria tenga la capacidad de absorber la información que es una revelación que viene directamente del corazón de Dios a tu espíritu, pero que al recibirla la proceses adecuadamente sin miedo alguno por la misma convicción de su origen y que es por esa razón que es compatible con la parte celestial y divina de Dios, es entonces cuando El hace fluir Sus pensamientos para que tu mente tenga el proceso de razonamiento correcto y no altere el programa que Dios desea generar a manera que seas totalmente restaurado.

Tener la mente de Cristo es tener el proceso conceptual del divino pensamiento, por eso Dios sana tu memoria y la restaura porque puso Su cabeza para detener la maldición y todo desgaste de neuronas y no pierdas la información que El está enviándote cada vez que lo buscas y te revela cosas para que se cumpla esta cita:

1 Corintios 2:9-10 (R60) Antes bien, como está escrito: Cosas que ojo no vio, ni oído oyó, Ni han subido en corazón de hombre, Son las que Dios ha preparado para los que le aman. [10] Pero Dios nos las reveló a nosotros por el Espíritu; porque el Espíritu todo lo escudriña, aun lo profundo de Dios.

Por eso, si crees en la ministración de la mesa del Señor, debes saber que ahí está implícita la palabra **memoria** donde no solamente será restaurada una parte de tu memoria, sino todo lo que esto involucra, con el propósito que tengas la capacidad de retener los pensamientos altos y aunque no los comprendas con el cerebro y con un razonamiento humano, tu espíritu los podrá procesar para que te goces en los misterios que el te revelará, pero para eso necesitas tener la mente de Cristo y la consecuencia será lo que está escrito:

Isaías 11:2 (R60) Y reposará sobre él el Espíritu de Jehová; espíritu de sabiduría y de inteligencia, espíritu de consejo y de poder, espíritu de conocimiento y de temor de Jehová.

Es asombroso que por lo menos 4 de estos espíritus están íntimamente relacionados con la mente: **sabiduría, inteligencia, consejo, conocimiento** ¿por qué?, porque dice la Biblia que al sabio debe dársele más conocimiento; esto debe ser comprendido porque en el orden normal para alcanzar la sabiduría, debe iniciar con el conocimiento; lo cual es la acumulación de información que reciben a través de la enseñanza y buscas escudriñando, indagando un conocimiento que vas absorbiendo, pero el siguiente paso es ordenar el conocimiento lo cual es entendimiento, es como un puente entre la sabiduría y el conocimiento, no solamente se trata de conocer, sino entender, muchos llegan a conocer solamente pero no logra ordenar lo que conocieron.

Cuando se logra ordenar el conocimiento, entonces el entendimiento es el poder formativo de la piedad en la vida del creyente.

Una vez formado ese poder, la sabiduría es la meta final, es la aplicación del conocimiento que entendiste en la vida diaria, para que tu caminar sea de una persona sabia; por eso dice la Biblia que al sabio se le debe dar más conocimiento; por eso tener la mente de Cristo, es el receptor para recibir los 7 espíritus que ya describí, para ubicarte en un nivel de mente que no es normal en el ser humano.

Porque lo que sucede es que te lleva a comprender las profundidades de Dios que se pueden discernir en el espíritu porque todo lo escudriña así como el Espíritu de Dios escudriña lo profundo de Dios, y cuando envía la revelación, lo hace enviándola directamente a tu espíritu porque no razona, solamente discierne; lo recibe, lo procesa y lo envía a la mente la cual ya no pone ningún estorbo para analizarlo porque sabe que llega directamente de Dios.

Ahora piensa por un momento en todo el beneficio que fue procesado en el sacrificio de Jesús en la cruz del calvario; lo que ven los ojos humanos, aunque es algo doloroso imaginar lo que El sufrió, no puedes imaginar el impacto profundo que todo eso tuvo para beneficiarte hoy y poder decir con toda seguridad que tienes la mente de Cristo; pero entonces la base mínima de esa restauración inicia con tener la capacidad de hacer memoria del partimiento del pan.

Si logras eso, serás trasladado a otro nivel espiritual donde cada vez serás más espiritual y menos terrenal, pero en este punto es donde debes disponer tu vida para poner tu cabeza delante del Señor y que el la empape del rocío que cae del cielo y puedas recibir esa ministración para que a partir de hoy tengas una forma de hacer memoria del sacrificio del Señor Jesucristo. Tu cerebro tiene conectores con el mundo físico pero tu mente requiere de conectores con el mundo espiritual de Dios pero para eso es necesario que tu mente sea restaurada, sanada de memorias negativas, todo lo que pudiste aprender en el libro **"El Origen del Alma"**, es lo que Dios sanará.

Recuerda que Jesús resucitó aun con heridas que llevará inclusive en el milenio, para que tengas la oportunidad de llevar, no heridas, sino cicatrices y que testifiques de lo que Dios te permitió aprender en cada proceso de tu vida para alcanzar una sanidad interior completa, porque ninguna cicatriz surge en el cuerpo de alguien si no ha sido sanado; la cicatriz es la señal de una historia pasada que puedes testificar en el presente para bendición eterna, se hará vida en tu corazón este versículo:

Job 11:16 (NTV) Olvidarás tu sufrimiento; será como agua que corre.

El dolor y la amargura le quitan la paz a cualquier persona, y si no hay paz es imposible alcanzar la santidad porque el orden que la Biblia enseña es que **el Dios de paz te santifique por completo y que todo tu ser, espíritu, alma y cuerpo sea guardado irreprensiblemente para la venida del Señor**; eso deja ver claramente que para que haya paz, primero debes ser santificado; por eso, si hay dolor y amargura, no se puede conocer la paz por completo ni la santificación, por consiguiente está en riesgo que participes en el arrebatamiento.

Por eso dice la Biblia que el deseo de Dios es que nadie se pierda y para eso, se sacrificó, con el propósito de sanar la memoria, sanar tus dolores y amarguras, cerrar las heridas de tu pasado doloroso y surja una cicatriz hoy en tu memoria, lo cual es un síntoma de que estás sanado.

Las Escupidas En Su Rostro

Isaías 50:6 (TLA) No quité mi espalda a los que me golpeaban, ni escondí mis mejillas de los que me arrancaban la barba; **ni me cubrí la cara cuando me escupían** y se burlaban de mí.

Mateo 27:30 (LBA) Y escupiéndole, tomaban la caña y le golpeaban en la cabeza.

Escupir la cara era un acto de gran humillación y vergüenza; esto fue parte del sacrificio en el que Jesús tomó tu lugar, de tal manera que una humillación por grande que pueda ser, no debes permitir que merme tu vida y si alguien pretende avergonzarte con el pasado de una vida que Dios ya te perdonó; el tal está levantándose en contra de un decreto divino lo cual no tiene validez en ningún lado.

Números 12:14 (LBA) Pero el SEÑOR dijo a Moisés: **Si su padre le hubiera escupido a ella en el rostro, ¿no llevaría su vergüenza por siete días?** Que sea echada fuera del campamento por siete días, y después puede ser admitida de nuevo.

Deuteronomio 25:9 (LBA) ...entonces su cuñada vendrá a él a la vista de los ancianos, le quitará la sandalia de su pie y **le escupirá en la cara; y ella declarará: "Así se hace al hombre que no quiere edificar la casa de su hermano.**"

La Barba Arrancada

La barba de un judío representa la dignidad, el contacto y comunicación respetuosa y digna con los semejantes.

Esto significa que todo lo que a Jesús le hayan pretendido quitar, fue para que hoy lleves en tu memoria que El te hizo digno de respeto ante tus semejantes; recuerda que si alguien no te respeta, no es a ti al que no respeta, sino al que te hizo digno de respeto.

Levíticos 19:27 (LBA) "No cortaréis en forma circular los extremos de vuestra cabellera, ni dañaréis los bordes de vuestra barba.

Significa también: señal de honor y respeto.

La barba en el varón, es sinónimo de "belleza y gracia", tal como la cabellera lo es en la mujer.

Las Heridas en Su Espalda

Isaías 50:6 (LBA) Di mis espaldas a los que *me* herían, y mis mejillas a los que *me* arrancaban la barba; no escondí mi rostro de injurias y esputos.

Los latigazos producían tan grande dolor, que los torturados se mordían la lengua hasta partirla en 2, se les reventaban los intestinos del dolor.

Esto lo que significa es que ese dolor elimina la prohibición que el enemigo pretenda hacerte para alabar y adorar al único y verdadero Dios Todopoderoso, Jehová de los ejércitos, y que la dulzura con la que lo hagas, brote desde tu vientre.

Zacarías 13:1 (LBA) Aquel día habrá una fuente abierta para la casa de David y para los habitantes de Jerusalén, para *lavar* el pecado y la impureza.

Dios hizo un sacrificio único y para siempre con el propósito que si alguien lo desea aprovechar, se cubra con la sangre poderosa de Jesús y que sus pecados le sean quitados para siempre y tenga memoria que el Señor tomó un lugar que no le correspondía, pero lo hizo por amor ti.

En Memoria De Mí

Capítulo 8

Realmente son infinitos los beneficios que puedes encontrar a la mesa del Señor Jesucristo, de tal manera que no debe existir justificación alguna para desaprovechar la oportunidad de participar del pan y del vino, el cuerpo y la sangre de Jesús que derramó en la cruz del calvario por amor a ti. Tampoco pretendo acusarte y que si de pronto no pudiste asistir a la invitación que el Señor te hace periódicamente para sentarte con El a Su mesa, sientas que eres el pecador más grande del mundo; no es ese el propósito, sino más bien, que traigas a tu memoria qué fue lo que tuvo más valor que la comunión con el Señor.

De pronto me pregunto: si se terminara el aire que cada persona respira y supiera que solamente puede recibir la porción que le corresponde para el siguiente período, llegando a la mesa del Señor, ¿dejará para la próxima vez esa invitación? Recuerda que así como la misericordia de Dios es nueva cada mañana, de igual forma Sus bendiciones son nuevas cada vez que llegas a la mesa del Señor, claro que las bendiciones de Dios son exquisitas y quizá se extienden de forma inimaginable, pero las que no has experimentado son mejores cada vez más; El tiene nuevas experiencias que esperan por ti, no puedes estar viviendo de glorias pasadas y aferrarte a ellas y no querer dejarlas escapar.

Dios te bendice cada vez que obedeces a Su palabra, en cada momento cuando te acercas a cosas que, si bien es cierto son materiales, tienen un origen o trasfondo espiritual, la Biblia dice que todo lo que se ve, fue hecho de lo que no se ve; eso me deja ver entonces que la materia prima de todo cuanto puedo ver, tiene una sustancia espiritual, es por eso que cuando escuches la voz de Dios ordenándote algo en forma específica, lo que ha de quedar en ti es obedecer sabiendo que la bendición de Dios está detrás aquello que El te dijo que hicieras.

Entonces, si en el pasado por alguna razón o por error le diste la prioridad a una cosa que no lo merecía, hoy es el tiempo para pedirle a Dios que restituya ese tiempo perdido cuando no estuviste en el día y la hora señalada para tener comunión con El a Su mesa; pero sin que esto se vuelva en una justificación a futuro y como un rito que si hoy no voy a participar de la Santa Cena, a la próxima lo puedo empatar, porque al final recuerda que Dios es el que pesa los corazones.

Por eso es necesario que pongas toda la atención a lo que dice la Biblia de cómo debes acercarte a la mesa del Señor, porque seguramente has leído muchas veces el versículo de cómo hacerlo y dentro de todo lo que pueda decir es que debes aprender a juzgarte a ti mismo para no ser condenado como el mundo, para no ser parte de los juicios que son propios del mundo porque teniendo libre acceso a la sangre del Señor, lo que te corresponde hacer es cubrirte con la sangre de Jesús. Es como aquella persona que está padeciendo hambre y sed, y teniendo dinero suficiente no quiere saciar su necesidad; en todo caso si no lo hace se puede enfermar.

Entonces, si tienes derecho a ser salvo de los juicios el mundo, aprovecha ese derecho y no te hagas uno con el mundo porque lo que ellos padecerán al darle la espalda al Señor, son juicios como no han existido nunca antes, por eso es importante que al presentarte a la mesa del Señor, lo hagas reconociendo las situaciones pecaminosas que te aquejan y reconozcas que solamente por Su misericordia puedes ser libre, solamente con Su perdón puedes acercarte a Su mesa; si tienes ese sentir de arrepentimiento, te apartas y confiesas tu pecado, estarás participando de la mesa del Señor dignamente y entonces alcanzarás todos los beneficios que pudiste ver a lo largo de este libro, y aun más, porque tampoco puedo decir que solamente lo que está en este libro son los beneficios de la mesa del Señor; el sacrificio de Jesús en la cruz del calvario tiene una profundidad indescriptible.

1 Corintios 11:29-30 (LBA) Porque el que come y bebe sin discernir correctamente el cuerpo *del Señor,* come y bebe juicio para sí. **30** Por esta razón hay muchos débiles y enfermos entre vosotros, y muchos duermen.

Si el participar de la mesa del Señor indignamente hace que puedas debilitarte, estar enfermo y aun podrías morir; entonces la antítesis de eso es que si participas de la mesa del Señor dignamente, serás fortalecido, tendrás sanidad divina y vida eterna; como puedes ver son los 2 extremos, no hay términos medios porque en Dios puedes ser frío o caliente pero si eres tibio, el Señor no te comerá sino que te vomitará de Su boca; eso me deja ver que te probará y dependiendo del sabor que tengas ese será tu destino.

Pero también es necesario que analicemos otras cosas que surgen dentro de un conglomerado para estar a cuentas con Dios porque de pronto podría ser que estés pasando por alto lo que es como la base de donde puedes cambiar para bien el escenario que te prepara para acercarte dignamente a la mesa del Señor, me refiero a la memoria, porque es ahí donde encontrarás la plataforma para que Dios ponga en tu vida una bendición indescriptible.

La mesa del Señor es la que puede concederte, no solamente una nueva memoria, sino que alcances el nivel de tener una memoria divina y estar preparado para lo que viene a tu vida y de esa manera entonces eliminar todo evento negativo que aun pueda estar en tu memoria y darle paso a lo que Dios desea hacer en tu alma a manera de transformar tu memoria, porque también es necesario saber que así como tu cuerpo puede ser debilitado a falta de comida saludable o por comer pero una comida descompuesta; tu alma se puede ver debilitada a consecuencia de una derrota en cualquier ámbito de la vida, un problema sentimental, una burla, una crítica, un rechazo, etc.

Pero entonces todo esto es parte de las enfermedades que puede padecer una persona en su cuerpo, porque una emoción negativa produce un dolor o quizá una amargura en el alma y esto repercute gravemente en el cuerpo, pero el punto es que todo eso está íntimamente relacionado con la memoria que mientras no sea sanada, como lo enseñé en el libro **"El Origen del Alma"**, estará impidiendo la restauración total de tu vida e impidiendo que tu alma regrese al nivel de alma viviente, porque si tu vida será restaurada, será integralmente en espíritu, alma y cuerpo.

La Debilidad del Alma

Una de las preguntas que puedes formularte en todo esto es, **¿por qué el alma sigue con problemas de debilidad?**, la respuesta es muy sencilla: porque sigue recordando un pasado negativo, porque sigue viviendo de recuerdos que lo único que traen es dolor por la vivencia que dejaron. El problema es que al seguir viviendo del pasado, es como que le dijeras a Dios que tu pasado tiene más poder, que lo nuevo que puedes encontrar en Su mesa para transformar tu memoria; eso no tiene ninguna base, lo que puede estar sucediendo es que esa memoria se siga autofortaleciendo por eventos que no quieres dejar en el pasado.

Por eso, cada vez que estés batallando con una situación del pasado, debes ponerlo paralelamente con lo que diga la Biblia y pronunciar literalmente que le crees a la palabra de Dios que puede obrar a favor de tu vida y no un cúmulo de recuerdos que no tienen vida sino muerte; por eso dice la Biblia lo que es la fe, y que debes aferrarte a lo que eso dice. Muchos prefieren aferrarse a un pasado donde pudieron tener la oportunidad de haber palpado, sentido o visto algo y no a la fe en Dios porque de la fe dice la Biblia lo siguiente:

Hebreos 11:1 (LBA) Ahora bien, la fe es la certeza de lo que se espera, la convicción de lo que no se ve.

Entonces algunos pueden hacer ese tipo de comparación en aferrarse a lo visto y no a lo que pueden recibir de parte de Dios; pero la realidad es que es Dios el único que puede ofrecerte mejores cosas, aunque tengas una memoria negativa por algo que viviste en una realidad total; la fe en Dios te puede llevar a cosas mejores en todo momento.

Por eso, cuando te acercas a la mesa del Señor, físicamente puedes ver pan y vino, pero si tan solo pudieras pedirle a Dios que abra tus ojos espirituales y así poder ver que es el cuerpo y la sangre del Señor Jesucristo y que es la puerta por la que puedes pasar a una nueva vida, entonces podrías ver que todo aquello que está en el mundo espiritual tiene más peso que cualquier trauma que hayas vivido; lo único que debes hacer cuando participes de la mesa del Señor es ponerte a cuentas con Dios y hacerlo en memoria de El.

En Memoria de Mí

1 Corintios 11:24-25 (LBA) …y después de dar gracias, *lo* partió y dijo: Esto es mi cuerpo que es para vosotros; haced esto **en memoria de mí**. [25]
De la misma manera *tomó* también la copa después de haber cenado, diciendo: Esta copa es el nuevo pacto en mi sangre; haced esto cuantas veces *la* bebáis **en memoria de mí**.

Muchas son las cosas que pueden inquietar tu vida respecto a la profundidad de lo que quiere decir Dios en la Biblia, de hecho toda la Biblia debería inquietar a cualquiera, pero quiero enfocarme en esta cita por lo que estoy enseñando en este libro: **en memoria de mí**. Tradicional o teológicamente se puede interpretar esta cita que, al participar de los elementos de la mesa del Señor, debes recordar lo que El hizo por ti; lo cual es una gran verdad, pero hay algo muy importante y profundo, insisto, como toda la Biblia; ¿por qué dice: en memoria de mí?, ¿qué quiso decir el Apóstol Pablo al decir que participes de la mesa del Señor con la memoria de Cristo?

¿Será que la respuesta es, participar de la mesa del Señor **CON** la memoria de Cristo, no **EN** memoria de Cristo?, dicho en otras palabras, ¿será que eso significa hacerlo con lo que Jesús tiene en Su memoria y no con tus memorias? De ser así, al acercarte a la mesa del Señor y participar de Su mesa con Su memoria y no con tu memoria negativa, con aquello que te duela, entristezca; con recuerdos de memorias que puedan causarte incluso, deseos de venganza por algo que padeciste.

Lo que puedo interpretar entonces con lo que dijo el Apóstol Pablo es con la interrogante: **¿deseas cambiar la memoria que llevas en tu cuerpo y en tu sangre, por la memoria del cuerpo y la sangre del Señor Jesucristo?** Digo esto porque está comprobado que todo tu cuerpo tiene memorias, por eso inclusive dice la Biblia que existe una ley en los miembros porque Dios te diseñó con memorias para que tus órganos funcionen en base a esas memorias.

Por eso, cuando eres afectado por un evento, es posible que todas las memorias negativas busquen lugar en determinada parte de tu cuerpo u órganos que tengan que procesar alguna situación emocional, química o sentimental del cuerpo. De tal manera que según el evento que vivas y lo que provoque en tu diseño para que fluyan los químicos en tu cuerpo, así serán las emociones que moverán el alma, al punto que llegan a mover tu físico, salud, rostro dejando memoria de determinada función para determinado evento.

De ahí entonces la razón por la cual, cuando ves, escuchas o percibes determinados olores que estuvieron en un evento que viviste, vuelves a repetir la misma emoción negativa; quizá alguien haya sufrido infidelidad, de pronto ve una escena televisiva que tiene el mismo momento que esa persona vivió; en ese momento su memoria es activada para revivir el trago amargo que vivió en aquel momento. Podría ser que alguien perdió un ser querido en un accidente que de pronto se repite en una película que está viendo por televisión o en el cine y eso hace que regrese al día cuando recibió la mala noticia de aquel evento.

Claro que estoy refiriéndome a la gente que aun pueda estar batallando con su memoria porque cualquier persona puede activar la memoria de una parte de su cuerpo por una situación que no ha querido entregarle al Señor; recuerda que el cuerpo sufre cambios por lo que transita por las memorias.

Entonces lo que el Apóstol Pablo está diciendo es que la mesa del Señor puede darte la oportunidad de dejar en la mesa del Señor tus memorias negativas y puedas recibir las memorias divinas; porque el deseo de Dios no es que sigas sufriendo por lo que te dejó una traición y que eso mismo te esté privando de alabar y adorar al Señor, vivas desanimado y adondequiera que vayas te sientas sin deseos de nada, no quieres seguir trabajando, estudiando, etc., es por eso que Dios pone una mesa para que pongas tu memoria y tomes la de Cristo; si has tenido derrotas, le memoria de Cristo te hará recordar Su victoria sin importar lo que puedas ver.

Es asombroso que el Apóstol Pablo no estaba el día que Jesús participó aquella noche la última pascua y la primera Santa Cena, lo que él escribió fue por revelación, de esa manera fue que él pudo cambiar sus memorias; de tal manera que si aprovechas lo que hoy estás aprendiendo, la sangre de Jesús tiene poder para desarraigar de tu memoria lo negativo y hacer de ti un ser sensible a la voz de Dios, manso y humilde como El, al punto de buscar hacer el bien sin esperar nada a cambio y no devolver mal por mal, sino bien por mal cuando fuera el caso. Es tan poderosa la memoria que puede cambiar tu carácter de una forma inimaginable.

Ahora observa esto, veo en la Biblia 2 personajes que escriben acerca de la mesa del Señor, ellos fueron testigos oculares, sin embargo no hablan de la misma forma que lo hace el Apóstol Pablo, acerca de la memoria:

Mateo y Marcos

Mateo 26:26-27 (LBA) Mientras comían, Jesús tomó pan, y habiéndo*lo* bendecido, *lo* partió, y dándose*lo* a los discípulos, dijo: Tomad, comed; esto es mi cuerpo. [27] Y tomando una copa, y habiendo dado gracias, se *la* dio, diciendo: Bebed todos de ella…

Marcos 14:22-24 (LBA) Y mientras comían, tomó pan, y habiéndo*lo* bendecido *lo* partió, se *lo* dio a ellos, y dijo: Tomad, esto es mi cuerpo. **23** Y tomando una copa, después de dar gracias, se *la* dio a ellos, y todos bebieron de ella. **24** Y les dijo: Esto es mi sangre del nuevo pacto, que es derramada por muchos.

En ninguno de los 2 escritos se habla de la memoria, ¿por qué? Ahora observa estas citas:

Lucas y Pablo

Lucas 22:19-20 (LBA) Y habiendo tomado pan, después de haber dado gracias, *lo* partió, y les dio, diciendo: Esto es mi cuerpo que por vosotros es dado; haced esto **en memoria de mí**. **20** De la misma manera *tomó* la copa después de haber cenado, diciendo: Esta copa es el nuevo pacto en mi sangre, que es derramada por vosotros.

1 Corintios 11:24-25 (LBA) y después de dar gracias, *lo* partió y dijo: Esto es mi cuerpo que es para vosotros; haced esto **en memoria de mí**. **25** De la misma manera *tomó* también la copa después de haber cenado, diciendo: Esta copa es el nuevo pacto en mi sangre; haced esto cuantas veces *la* bebáis **en memoria de mí**.

Interesantemente los 2 primeros fueron testigos en la cena del Señor y no mencionan la palabra MEMORIA, mientras que los otros 2 que no fueron testigos oculares si mencionan la palabra MEMORIA, es más, el Apóstol Pablo la menciona 2 veces y Lucas 1 vez, quizá por la misma razón de ser médico comprendió bien el punto de la memoria y qué es lo que esto abarcaba; pero ambos fue por revelación.

Anamnesis

Interesantemente la palabra que el Apóstol Pablo utiliza en **1 Corintios 11:24**, en el idioma griego se pronuncia **ANAMNESIS**, el diccionario la identifica con el **código G364** y su significado es **Historial Médico de un Paciente**.

La composición de esa palabra es de la siguiente forma:

ANA = Sobre, contra, como en analogía.

MNEME = Memoria, como amnesia…

SIS = Acción, como en crisis, dosis.

Lo que puedo comprender claramente aquí entonces es que implícitamente está diciendo: dar y recibir; entrega la memoria de aquello que te está estorbando, al punto que pase a la parte de amnesia y ahí permanezca, pero debes tomar la acción de entregar tu crisis con el propósito que alcances a recibir una dosis de sanidad, restauración, remedio, liberación, esperanza, de una nueva perspectiva para la vida, de un nuevo y verdadero amor para tu vida.

CONCEPTO MÉDICO

✓Desde el siglo XVI (hacia 1953), designa la historia médica preliminar de un paciente, la que se integra con los datos clínicos iniciales que el médico obtiene cuando examina a un enfermo que lo visita por primera vez; pero además y sobre todo (de ahí el nombre), que el doctor hace un interrogatorio al paciente y le pide que **RECUERDE** y describa los síntomas o molestias que ha sentido desde el inicio del padecimiento.

Ahora lo que el Señor te pide es que le brindes un dato histórico de lo que estás padeciendo, dicho en otras palabras, que te ministres con toda libertad en la mesa del Señor para poderte dar la receta espiritual con la cual encontrarás la solución a tus problemas; Dios pidiendo que recuerdes tus males, que hagas memoria de tus problemas porque con lo que El te ministrará, quedarás totalmente sano;

porque seguramente ese es el deseo de tu corazón, que todas aquellas cosas que de pronto puedan estarte produciendo acusación, depresión, miedo, etc., que un día te levantaras por la mañana y que ni siquiera hubiera rasgo alguno de memoria de todo eso.

Ese es el cambio de memoria que Jesús está dispuesto a cambiar en ti cuando te acercas a Su mesa, para que al día siguiente por la mañana al levantarte veas que hay planes nuevos que realizar, una vida totalmente cambiada y nueva.

- ✓Desde el punto de vista psicológico y psiquiátrico, significa recabar datos sobre la infancia o la conducta del paciente que comprenden antecedentes familiares y personales, experiencias y en particular recuerdos que se usan para analizar su situación clínica.

Como puedes ver se requiere de esa información, presentarla delante de la presencia de Dios; el diablo te engañó en tinieblas para atraparte en una situación negativa, pero Dios te llama a que presentes ese engaño a la luz de Jesús para desenmascarar las artimañas de Satanás en contra tuya y así poderte brindar una vida en libertad, pero bajo la ley de la libertad y no de libertinaje que lo único que atrae es destrucción a la vida de cualquier persona.

- ✓Para un gastroenterólogo, es la información de la alimentación del paciente y en cómo desarrolla el proceso digestivo.

En la mesa del Señor Jesucristo es el recordatorio de la Santa Cena y de Sus palabras, así como de lo que dice el Apóstol Pablo acerca de lo que puedes recibir.

Hoy Dios está dispuesto a que le hables con toda la libertad que desees hacerlo, que expongas totalmente tu caso para comprobarte que en Su mesa está todo lo que necesitas y de esa forma entonces recuperar tu fe en El. Por eso es necesario que en cada oportunidad que tienes de llegar a la mesa del Señor, hagas un recordatorio a la usanza clínica médica pero de todo tu ser.

Si es del espíritu, ¿sigues adorando al Señor con todo tu amor o tienes algún impedimento? Si es de tu alma, ¿tienes amargura por alguna injusticia, tienes resentimientos? Si es del cuerpo, ¿te duele algun hueso, un músculo? Debes hacer tu historial médico total y no dejar nada para la próxima cita con el Médico de médicos porque El puede sanarte integralmente hoy.

- Recuerda y describe los síntomas o molestias que has sentido desde el inicio del padecimiento. Si es mental, emocional, en el alma, etc.

- Recordar que el sacrificio de Cristo, es el pago por todos tus padecimientos en espíritu, alma y cuerpo por eso Jesús recibió el castigo en Su cuerpo y órganos y Su sangre fue derramada para tu sanidad.

El cambio de memoria de la tuya por la de Jesús es dejar todo debilitamiento espiritual, miedos en tu alma o enfermedades en tu cuerpo; Jesús fue a la cruz con todo Su ser, claro y lúcido, a El nadie le quitó Su vida, sino que El la entregó. Por eso hoy lo que desea es que dejes tu memoria en Su mesa y tomes la Suya la cual es fortaleza, valor, sanidad, etc.

Jeremías 29:11 (LBA) "Porque yo sé los planes que tengo para vosotros" -- declara el SEÑOR -- "planes de bienestar y no de calamidad, para daros un futuro y una esperanza.

Parte de la realización de los planes del Señor está en cambiar tu memoria a través de una transfusión de sangre espiritual que puede repercutir en lo físico si tienes fe en la palabra de Dios. Es por eso que el Señor tiene Su mano extendida pidiéndote tus problemas porque eso es lo que te impide avanzar, porque en esa memoria negativa están los miedos que te detienen a un futuro lleno de esperanza en Cristo Jesús.

Las Memorias de La Sangre

Como has de saber, dentro de los libros que Dios me ha permitido escribir, existe uno que está titulado: **"Los Ancestros"**, en ese libro describo detalladamente cómo es que tus ancestros, tus antepasados, podrían estar afectando hoy tu vida, sin que esto tenga algo que ver con brujerías o algo por el estilo, sino más bien está enfocado al tema de la epigenética, donde puedes llegar a heredar las experiencias de los familiares que vienen más allá de una cuarta generación, porque si en determinado momento heredaste experiencias de tus bisabuelos, ellos a su vez están influenciados por sus bisabuelos y así sucesivamente, de tal manera que las experiencias del familiar número 100 que está en la línea consanguínea a la que tu perteneces, puede estar influenciando tu vida, no solamente con el carácter, sino con experiencias vividas.

Me refiero entonces que si quieres ver solamente 4 generaciones hacia atrás, el bisabuelo de cada bisabuelo; pudo haber tenido experiencias pecaminosas que fueron heredando a sus bisnietos que a su vez este se convirtió en bisabuelo para heredarlo a su bisnieto hasta que llegaste tú, ahora puede ser que esas experiencias pecaminosas que nunca confesó y que se llevó a la tumba, aunque sea el familiar número 100 quizá en una línea consanguínea, podría ser que en determinado momento lo vayas a experimentar por herencia epigenética porque la sangre tiene memoria.

Testimonio

Dentro de las invitaciones que Dios me permite tener para compartir Su palabra en otros lugares; en cierto lugar estuve compartiendo acerca de esta situación que surge bajo el nombre de epigenética y resulta que dentro de los que estaban ahí presentes, hubo un ministro del evangelio, que después de la predicación me compartió la experiencia que tuvo en una transfusión de sangre por una enfermedad que lo estaba aquejando.

Me comenta que en el momento que él recibe aquella sangre que obviamente no era la suya, empieza a tener batallas de situaciones que ya había vencido mucho tiempo atrás, y pudo vencerlas nuevamente hasta que le ministraron Santa Cena, lo cual fue después de unos días porque tuvo una recaída y otro ministro del evangelio le ministró la sangre bendita de Jesús, por medio de la Santa Cena.

Lo que sucedió entonces fue que la memoria de la sangre que le suministraron, podría ser que la persona donante tenía batallas de cualquier tipo y al ingresar al cuerpo de esta otra persona, activaron esa memoria, la cual fue sustituida por la fe de aquel varón, en la sangre de Jesús ministrada en la Santa Cena.

Entonces si la sangre tiene memoria (que así es), cuando llega a un cuerpo diferente, puede hacer estragos en la memoria de esa persona porque la realidad de las cosas es que en los hospitales lo que menos hacen es separar la sangre de un cristiano y la sangre de inconversos; para ellos lo que importa es la compatibilidad que puedan tener por su tipo, porque ellos están enfocados en la ciencia natural no en el ámbito espiritual.

Observa estos datos estadísticos de lo que puede hacer la sangre por todo tu cuerpo:

Por minuto	Llega sangre oxigenada a los 100 mil kilómetros de vasos sanguíneos del cuerpo
Por hora	4.5 litros de sangre
Al día	6,480 litros de sangre
En toda la vida	1 millón de barriles de sangre

Considera esta situación con una memoria negativa en la sangre, simplemente todo tu ser podría ser afectado.

Job 21:23-25 (LBA) Uno muere en pleno vigor, estando completamente tranquilo y satisfecho; [24] sus ijares están repletos de grosura, húmeda está la médula de sus huesos, [25] mientras otro muere con alma amargada, y sin haber probado nada bueno.

Este versículo está refiriéndose a 2 personas, 1 de ellos evidenció a causa del alma amargada y murió, pero otro que se veía bien, tenía todas las comodidades que cualquier persona podría estar deseando, muere igualmente porque nadie llega a saber qué es lo que lleva dentro de su torrente sanguíneo por toda la herencia que haya recibido a causa de la epigenética.

Otro punto que debo compartirte es el hecho que, otro ministro del evangelio me compartió una investigación que hizo respecto a que una de las palabras hebreas que se puede traducir batalla, significa o se traduce como médula ósea, siendo esta situación una de las batallas más fuertes que una persona puede enfrentar en un cáncer y que solamente puede ser tratado de forma directa por alguien que sea totalmente compatible su médula ósea.

NOTA MÉDICA

- ✓La médula ósea contiene células inmaduras llamadas, células madre hematopoyéticas que son las células madre que forman la sangre.

- ✓Estas se dividen para crear más células que darán lugar a todas las células de la sangre y se transforman en una de las 3 clases de células sanguíneas: los glóbulos blancos que nos defienden de las infecciones; los glóbulos rojos que transportan el oxigeno en el cuerpo; o las plaquetas que ayudan a que coagule la sangre.

- ✓La médula ósea es por las células madres que esta contiene, en otras palabras, cuando llega la compatibilidad de la médula ósea de un cuerpo a otro, todo el daño que pueda tener en la sangre, es sustituido.

El punto hacia donde quiero llevarte es la importancia que tiene el hecho de la fe en Cristo respecto a la sustitución de tu sangre con memoria dañada, por la sangre de Jesús con memoria divina.

- ✓Dentro de las cosas que son manifestadas en los trasplantes de médula ósea, están las siguientes:

    1. Los gustos de la persona cambian.

2. De cabello lacio puede cambiar a crespo.
3. El carácter le puede cambiar notablemente.
4. El sistema inmunológico le cambia por lo que debe pasar por el proceso de un neonato para que recupere sus defensas.
5. Su ADN fue cambiado en partes de su información genética.

Es interesante el cambio que sufre una persona cuando tiene lugar un trasplante de esta naturaleza. El médico que realiza este tipo de operaciones advierte que la persona, si está casada o casado; es como si fuera a vivir con la persona donante de la médula ósea, debido a la memoria que radica en la sangre.

Por eso es necesario saber que la fuente de descontaminación que tiene todo el poder para desarraigar ese tipo de problemas está en la sangre de Jesús, en la Santa Cena; podría decir entonces que si alguien está sufriendo es porque ya se acomodó a esa modo de vida, sufre porque quiere sufrir porque hay males que son producto de batallas del pasado; el cuerpo lo sufre porque el alma lo sigue reteniendo.

Pero cuando llegas a este nivel de entendimiento, encuentras en la mesa de Jesús toda la información de memorias que pueden ser sustituidas por las tuyas; la única limpia, pura y santa que te limpia de todo mal; es más, debes considerar que al limpiar tu sangre, tu descendencia tiene la oportunidad de empezar con una memoria limpia en su sangre, quizá la puedan contaminar pero será por otras situaciones; tú habrás de cederles el paso de una sangre con memoria limpia y sana porque tuviste fe en la palabra de Dios y eso hizo que se formara el ambiente necesario para una transfusión de sangre desde un nivel espiritual, pero con repercusiones físicas donde toda memoria que pueda tener tu cuerpo, es totalmente cambiado, llegar un día y verte como levantaron a Adán, no tenía pasado, empezó de "0", sin problemas de memorias negativas.

Las Memorias del Corazón

Romanos 8:27 (LBA) ...y aquel que **escudriña los corazones** sabe cuál es el sentir del Espíritu, porque Él intercede por los santos conforme a *la voluntad de* Dios.

Apocalipsis 2:23 (LBA) 'Y a sus hijos mataré con pestilencia, y todas las iglesias sabrán que yo soy el que **escudriña las mentes y los corazones**, y os daré a cada uno según vuestras obras.

Salmos 26:2 (LBA) Examíname, oh SEÑOR, y pruébame; **escudriña mi mente y mi corazón**.

Es interesante aunque lógico, el hecho que si la sangre tiene memoria, igualmente el corazón por cuanto es el administrador de la sangre del cuerpo, puedo comprender entonces el por qué de estos versículos:

Proverbios 23:26 (LBA) Dame, hijo mío, tu corazón, y que tus ojos se deleiten en mis caminos.

Proverbios 4:23 (R60) Sobre toda cosa guardada, guarda tu corazón; Porque de él mana la vida.

Dios está interesado en el cambio de la memoria de tu corazón y de toda tu sangre porque llega a todo tu cuerpo; de tal manera que si tienes la sangre de Jesús en tus venas, esa bendita sangre es la que será irrigada por todo tu cuerpo para que la memoria de la sangre de Cristo tome lugar a donde vaya la sangre, que cada órgano con necesidad de sangre, reciba la memoria de Jesús.

Recibirás la sangre del Señor, pero también debes escudriñar cómo está tu corazón, porque no puedes negar que hay batallas en la memoria del corazón del cual observa esta estadística y piensa por un momento acerca de la ministración que le está brindando a tu cuerpo si tiene memorias negativas:

Late 100,000 veces al día.
Late 35.000,000 de veces al año.
Late 2,500.000,000 de veces en toda una vida.

Cada vez que tu corazón late, es esa la ministración que está llevando a cada órgano, de tal manera que si tienes memorias negativas tanto en la sangre como en el corazón, eso es lo que reciben tus órganos, ¿será que por eso se dañan? Gracias a Dios que en el sacrificio de Jesús en la cruz del calvario; según los estudiosos, dicen que por la edad que tenía cuando fue crucificado, derramó 2.5 litros de sangre santa que está servida en Su mesa para que la sustituyas por la tuya y que empiece a ser irradiada por todo tu cuerpo en el momento que participes de la mesa del Señor; ciertamente es vino lo que tus ojos naturales pueden percibir, pero cuando tomas ese vino, por la fe ese vino tiene el proceso de la transustanciación lo cual hace que el vino sea convertido en sangre divina de Jesús.

NOTA MÉDICA

✓El corazón es un cerebro pequeño que tiene su propio sistema de memoria:

- Tiene sentimientos y es consciente por sí mismo.

- Puede recibir y procesar su propia información, independientemente al cerebro.

- Puede influenciar al cerebro emocional y perceptivamente.

- Comunica al cerebro y al cuerpo electromagnéticamente a la acción.

- Tiene componentes magnéticos 5,000 veces más fuerte que el campo magnético del cerebro.

- Tiene el magnetismo más fuerte para influenciar al cerebro.

Oportunamente he podido enseñar que una persona a una distancia de 3 metros o 5 pies de distancia, puede afectar el corazón o la mente de otra persona, sea esto de forma positiva o negativa, por eso dice la Biblia:

Mateo 15:19 (R60) Porque del corazón salen los malos pensamientos, los homicidios, los adulterios, las fornicaciones, los hurtos, los falsos testimonios, las blasfemias.

Además también dice:

1 Corintios 15:33 (R60) No erréis; las malas conversaciones corrompen las buenas costumbres.

El magnetismo del corazón se puede ejemplificar con un imán, si pones a rodar un imán en tierra, empieza a recoger los metales que ahí encuentra, no necesita buscarlos, simplemente tiene la atracción y se juntan; dicho en otras palabras, si tienes cosas malas en el corazón, eso es lo que puedes estar atrayendo. Por eso Dios, a través del Profeta Jeremías dice lo siguiente:

Jeremías 17:9-10 (LBA) Más engañoso que todo, es el corazón, y sin remedio; ¿quién lo comprenderá? [10] Yo, el SEÑOR, escudriño el corazón, pruebo los pensamientos, para dar a cada uno según sus caminos, según el fruto de sus obras.

Sin embargo vuelve a decir a través de Su Profeta Ezequiel:

Ezequiel 11:19-20 (LBA) Yo les daré un solo corazón y pondré un espíritu nuevo dentro de ellos. Y quitaré de su carne el corazón de piedra **y les daré un corazón de carne**, [20] para que anden en mis estatutos, guarden mis ordenanzas y los cumplan. Entonces serán mi pueblo y yo seré su Dios.

Un corazón de piedra significa un corazón insensible, hostil, frívolo, seco; pero no fue eso lo que originalmente hizo Dios contigo.

Jeremías 31:33 (LBA) ...porque éste es el pacto que haré con la casa de Israel después de aquellos días -- declara el SEÑOR -- . **Pondré mi ley dentro de ellos, y sobre sus corazones la escribiré**; y yo seré su Dios y ellos serán mi pueblo.

El deseo de Dios es que tengas el corazón con el cual fuiste creado porque el corazón aportará información para tu vida, recibe y memoriza la información.

Hebreos 8:10 (LBA) PORQUE ÉSTE ES EL PACTO QUE YO HARÉ CON LA CASA DE ISRAEL DESPUÉS DE AQUELLOS DÍAS, DICE EL SEÑOR: PONDRÉ MIS LEYES EN LA MENTE DE ELLOS, **Y LAS ESCRIBIRÉ SOBRE SUS CORAZONES**. Y YO SERÉ SU DIOS, Y ELLOS SERÁN MI PUEBLO.

Hebreos 10:16-18 (LBA) ÉSTE ES EL PACTO QUE HARÉ CON ELLOS DESPUÉS DE AQUELLOS DÍAS -- **DICE EL SEÑOR: PONDRÉ MIS LEYES EN SU CORAZÓN**, Y EN SU MENTE LAS ESCRIBIRÉ, *añade:* **17** Y NUNCA MÁS ME ACORDARÉ DE SUS PECADOS E INIQUIDADES. **18** Ahora bien, donde hay perdón de estas cosas, ya no hay ofrenda por el pecado.

Son muchos los versículos que hacen referencia a lo que Dios desea hacer en tu corazón.

El Poder de la Memoria del Corazón

Ejemplos de trasplantes de órganos como el corazón, médula ósea u otro órgano, dejan ver que también son trasplantadas las memorias de las células o pensamientos. Entonces no es solamente de encontrar un corazón para que sea trasplantado, claro que en una emergencia no pueden estar investigando por la epigenética quién era el primer bisabuelo del árbol genealógico; simplemente lo trasplantan y esperan que funcione; pero debería darse el seguimiento necesario para que a través de la ministración de la Santa Cena, haya una sustitución de sangre con memoria negativa, por memoria divina.

Estoy enfocándome directamente en lo que al corazón se refiere, pero también debes estar consciente que si alguien ha tenido el trasplante de un órgano de su cuerpo; seguramente algo a cambiado en su personalidad, por lo tanto es necesario que sea ministrado para evitar la influencia del carácter de la persona que donó ese órgano porque lo normal es que se desconozcan los pormenores del donante.

Testimonio

Una niña de 8 años de edad recibió el corazón de una niña de 10 años de edad que había sido violada y asesinada. Pasado el tiempo, la madre de la niña de 8 años la llevó a un especialista porque de pronto comenzó a gritar por las noches; y lo que estaba sucediendo era que soñaba con el hombre que había matado a su donante. La madre de la niña dijo que su hija sabía quién era el asesino. Después de varias sesiones, dijo el médico: no podría negar la realidad de lo que esa niña me decía.

- ✓Finalmente la madre de la niña y yo (el médico), decidimos llamar a la policía para que a través de las descripciones de la niña, el asesino fuera encontrado y finalmente así fue; con la evidencia del paciente se sentenció sin ningún problema: la hora, el arma, el lugar, la ropa que llevaba, lo que la niña le había dicho antes que la matara y todo lo que la niña que recibió el corazón donado hacia dicho, era exacto.

✓Esto era el producto de la memoria del corazón, la niña se despertaba diciendo lo que el asesino de su donante había hecho con la niña de 10 años, pero lo tenía tan presente en la memoria del corazón, que podía expresarlo como si lo hubiera vivido ella misma.

Pero eso es cuando alguien recibe un corazón que no era el suyo originalmente; piensa por un momento en la facilidad que tienes de ministrar lo que llevas en el tuyo para que seas sanado totalmente de las memorias dañadas en el corazón, por un sentimiento que no has podido dejar quizá, de un mal momento; pero recuerda que no estoy hablando del cerebro, sino de la memoria del corazón.

Las Reacciones Químicas de las Memorias No Olvidadas

Nadie vive una memoria solo en su mente, sino en su corazón, en sus reacciones químicas en el cuerpo llegando al nivel de los órganos, estomago, músculos y a nivel celular.

La Memoria y Las Emociones

¿Por qué la memoria de eventos pasados te acusan tanta molestia? Porque involucra emociones y estas son las que producen las reacciones químicas de tu cuerpo.

¿Cómo se puede Diagnosticar Un Corazón de Piedra?

Es para referirse a las ideas o actitudes de terquedad o actitud de dureza. Bíblicamente la dureza del corazón hace referencia al pecado, la ira, la hostilidad porque estas cosas endurecen el corazón.

DEFINICIÓN MÉDICA

- ✓La dureza del corazón es un estado físico que resulta de la ateroesclerosis severa.
- ✓La ateroesclerosis en realidad son las arterias endurecidas que pueden dejar al corazón humano duro como una piedra, según se ve en las autopsias.

Eso lo que significa entonces es que las arterias del corazón están tapadas, si bien es cierto por situaciones naturales, por una mala dieta, por la edad; pero también por emociones negativas.

✓Endurecimiento de las arterias, es una afección, también llamada ateroesclerosis severa que ocurre cuando se acumula grasa, colesterol y otras sustancias en las paredes de las arterias, estos depósitos se denominan placas. Con el tiempo, estas placas pueden estrechar y obstruir completamente las arterias y causar problemas en todo el cuerpo.

✓El endurecimiento de las arterias es una afección común que a menudo ocurre con el envejecimiento.

✓Los niveles altos de colesterol en la sangre pueden causar endurecimiento de las arterias a una edad más temprana.

✓El corazón endurecido por años de dolor emocional y los resultados devastadores a causa de las hormonas del estrés dan lugar a un corazón que siente dolor físico.

Ahora puedes comprender lo siguiente:

Levíticos 7:23-32 (LBA) Habla a los hijos de
Israel y diles: "Ningún sebo de buey, ni de cordero,
ni de cabra, comeréis. 24 "El sebo de *un animal*

muerto y el sebo de un animal despedazado *por las*
bestias podrá servir para cualquier uso, mas
ciertamente no debéis comerlo. [25] "Porque
cualquiera que coma sebo del animal del cual se
ofrece una ofrenda encendida al SEÑOR, la
persona que coma será cortada de entre su pueblo.
[26] "Y no comeréis sangre, ni de ave ni de animal,
en ningún lugar en que habitéis. [27] "Toda persona
que coma cualquier *clase de* sangre, esa persona
será cortada de entre su pueblo." [28] Entonces habló
el SEÑOR a Moisés, diciendo: [29] Habla a los hijos
de Israel y diles: "El que ofrezca el sacrificio de
sus ofrendas de paz al SEÑOR, traerá su ofrenda al
SEÑOR del sacrificio de sus ofrendas de paz. [30]
"Sus propias manos traerán ofrendas encendidas al
SEÑOR. Traerá el sebo con el pecho, para que el
pecho sea presentado como ofrenda mecida delante
del SEÑOR. [31] "Y el sacerdote quemará el sebo
sobre el altar; pero el pecho pertenecerá a Aarón y
a sus hijos. [32] "Y daréis al sacerdote la pierna
derecha como contribución de los sacrificios de
vuestras ofrendas de paz.

Es interesante que los médicos, cuando realizan autopsias, comentan de la dureza de corazón que encuentran en los cuerpos, a veces de personas con una dieta equilibrada, jóvenes, etc., pero quizá emocionalmente estuvieron bajo un ataque severo y nunca buscaron ayuda para que no llegaran al nivel en el que se les paralizó el corazón.

Enfermedades Del Corazón

1. Dolor reprimido.
2. Pecados ocultos.
3. La ira, la falta de perdón.
4. El abandono.
5. Emociones negativas o tóxicas.
6. Cualquier otra cosa reprimida que no ha sanado.

La realidad es que el corazón emocionalmente afectado y dolido, finalmente revelará su angustia en los vasos sanguíneos y tejidos del corazón físico.

Porque no puedes negar que cuando una persona ha sufrido tanto, tiene repercusiones muy lamentables; tiene razón y a la misma vez no la tiene. Realmente la personalidad con la que Dios te creó no es de una persona con corazón duro, las situaciones te llevaron a eso y provocó que perdieras el gozo, la paz, la tranquilidad, etc. Tienes razón porque el enemigo ha estado lanzando su constante batalla en contra tuya, pero no tienes razón porque si bien es cierto que no eres el responsable de lo que haya causado amargura y dureza de corazón; eres responsable de la restauración que necesitas y para eso está la mesa del Señor.

No lo olvides, la mesa del Señor, la Santa Cena tiene infinidad de beneficios a tu vida, ahí puedes encontrar la oportunidad de ser totalmente restaurado al diseño original con el cual Dios te creó, es el efecto del sacrificio de Jesús en la cruz, en el lago de fuego y hasta Su resurrección victoriosa con la cual te hizo más que vencedor.

Made in the USA
Las Vegas, NV
11 August 2021

27982808R00151